Майстерність продажів

Перевірені стратегії та психологічні тактики закриття угод

Зміст

ВСТУП. Хто ви і чому ви тут? - 4

Розділ. 1 Кожен продавець хоче знати, чому клієнти не купують у нього. - 7

Розділ. 2. Говоріть менше, продавайте більше. - 23

Розділ. 3. Простий спосіб зрозуміти складні рішення клієнта. - 39

Розділ. 4. Слова і фрази, які заважають продажам. - 60

Розділ. 5 Найбільші перешкоди в продажах. - 83

Розділ. 6 Найпоширеніша помилка продавців. - 98

Розділ. 7. Ми самі встановлюємо правила бесіди з клієнтом. - 107

Розділ 8. Великі гроші швидше. - 117

Розділ 9. Основне заперечення проти якого ви здаєтеся. - 127

Розділ 10. Що означає дотискати клієнта. -138

Висновок. - 147

ВСТУП

Хто ви і чому ви тут?

Чи замислювалися ви коли-небудь про те, чому ви займаєтеся продажами? Чому ви обрали цю кар'єру, цю галузь, цю сферу діяльності? Що рухає вами, що мотивує вас, що змушує вас вставати щоранку і йти на роботу?

Можливо, ви відповісте, що вам подобається спілкуватися з людьми, ви вмієте переконувати людей, вам подобається процес перемовин і укладання угод. Можливо, ви скажете, що хочете допомагати людям розв'язувати проблеми, задовольняти їхні потреби і покращувати їхнє життя. А можливо, ви скажете, що просто хочете заробляти багато грошей, щоб ви і ваша сім'я могли жити комфортно і купувати все, що захочете.

Усі ці відповіді правильні, але не ідеальні. Вони відображають ваші цілі, бажання та амбіції, але не вашу справжню сутність. Вони говорять про те, що ви хочете отримати від продажу, але не про те, що ви хочете отримати натомість. Вони говорять про те, що ви робите, але не про те, хто ви є.

То хто ж ви? Ви продавець. Ви професіонал. Ви експерт. Ви лідер. Ви - переможець.

Ви - найважливіший фактор у будь-якому бізнесі, у будь-якому продажі. Саме ви створюєте цінність, пропонуєте рішення, демонструєте переваги, усуваєте заперечення й укладаєте угоди.

Саме ви заробляєте гроші для себе, своєї команди і свого бізнесу.

Ви тут, тому що хочете бути найкращими у своїй справі. Ви хочете збільшити продажі, прибуток і дохід. Ви хочете поліпшити свої навички, знання та вміння. Ви хочете позбутися страхів, прив'язаностей і фобій. Ви хочете подолати свої слабкості, помилки і невдачі. Ви хочете реалізувати свої цілі, мрії та прагнення.

Ви тут, тому що готові до змін. Ви готові змінити своє мислення, поведінку і життя. Ви готові відкинути застарілі переконання, звичні упередження і помилкові ілюзії. Ви готові прийняти нові ідеї, стратегії та технології. Ви готові вийти зі своєї зони комфорту, зламати форму й уникнути статус-кво.

Ви тут, тому що вірите в себе. Ви вірите у свої здібності, таланти і дари. Ви вірите у свою цінність, унікальність та індивідуальність. Ви вірите у свою місію, бачення і пристрасть. Ви вірите у свою силу, волю та енергію.

Ви тут, тому що хочете бути багатими. Не тільки матеріально, а й духовно. Не тільки фінансово багатим, а й емоційно багатим, а й соціально багатим. Особисте багатство і суспільне багатство. Не тільки для того, щоб зробити багатим себе, а й для того, щоб зробити багатими інших.

Ви тут, тому що обрали продажі. Продажі - це не просто робота, не просто бізнес, не просто сфера діяльності. Продажі - це мистецтво, наука, філософія.

Продажі - це спосіб самовираження, спосіб самореалізації, спосіб самовдосконалення. Продажі - це ваше життя. Ласкаво просимо в продажі.

Розділ. 1 Кожен продавець хоче знати, чому клієнти не купують у нього.

Ласкаво просимо на сторінки книги про продажі. Тут Ви дізнаєтеся, чому так багато людей зазнають невдачі в продажах і не заробляють гроші.

Ви побачите, що існують фобії. Вони заважають вам заробляти гроші. За допомогою цієї книги ви позбудетеся грошової фобії в будь-якому бізнесі. Давайте поговоримо про те, чому ви тут. Найімовірніше, ви хочете збільшити свої продажі та прибуток. Це чудово, це чудово. Я зможу допомогти багатьом людям, які переможці. Це тому, що я пропоную вам не тільки навчатися, а й заробляти. Тому що все, що я тут пишу, працює в реальному житті. Чому так багато вчителів тренерів, гуру і людей у бізнесі з продажу інформації. Тому що все це застаріло і вже давно не працює. Наприклад, давним-давно я намагався записатися на тренінг з продажу, але ці люди не могли знайти людей, щоб навчити мене разом із ними. Тому мені сказали почекати, поки вони знайдуть людей і наберуть групу. Вони сказали мені почекати, поки в них не буде хоча б 10 людей. А потім ми вас сповістимо, коли почнеться навчання.

Це повна нісенітниця. Люди, які стверджують, що вони можуть навчити інших людей продажу, не можуть продати тренінг іншим охочим.

І ці люди стверджують, що можуть навчити вас продавати.

У цій книзі Ви дізнаєтеся, як заробити багато грошей.

Рекомендую поділитися цією інформацією з друзями. Тому що, якщо ви поділитеся цією інформацією, вона стане вашою пам'яттю і залишиться з вами. Або вона зникне, як сон, який ви ще пам'ятаєте, коли прокидаєтеся. Але через десять хвилин ви його забуваєте. Так і зі знаннями. Якщо не поділитися ними, не застосувати на практиці, то через два дні ви вже забудете про це. Так і з усіма осяяннями, які відбуваються з вами. Я рекомендую ділитися ними з іншими людьми. Не затягуйте. Якщо ви не зможете застосувати ці знання зараз, то вам доведеться починати все спочатку.

Тож якщо ви справді рішуче налаштовані стати багатим. Більше жодних відмовок. Мама захворіла, потрібно терміново забрати дитину зі школи, сімейне свято. Ви не їдете. Ви більше нікуди не ходите. Ви заробляєте гроші. Ви заробляєте їх прямо на своєму телефоні, не виходячи з дому чи офісу.

У наш час усі заробляють гроші вдома, на комп'ютері або по телефону. Так заробляють мільйони, мільярди доларів. Зволікання і лінь ведуть прямою дорогою до бідності. Тому, якщо ви не хочете бути бідним, ви маєте щось робити. Всесвіт і сам господь бог не допоможуть.

Ніяких грошей без цього не вийде. Тому що, тільки коли ви зробите продаж, ви заробили.

Інакше ви ніяк не зможете отримати гроші. Тільки коли ви продаєте, вони приходять, від інших людей, тільки коли ви здійснюєте продаж. Усі гроші перебувають у кишенях інших людей і всіляких організацій. Ви не можете залучити гроші іншим способом. Чудес не буває. Чудеса не трапляються, поки ви не продасте. Ніякі ритуали, молитви, амулети, статуетки не допоможуть.

Бізнес - це прибуток. Прибуток можна отримати тільки тоді, коли ви продаєте. Уявіть собі людину, у якої в якийсь момент з'явилися гроші.

Вони їдуть до Лондона або Нью-Йорка, Балі або в Індію.

Хтось їде до Швейцарії з грошима. Дехто їде в Іспанію. Люди, у яких багато грошей, - це ті люди, яких ви бачите по телевізору. Вони приїхали щоб спробувати завоювати весь ринок. Але їм це не вдається. Тому що вони не знають деяких секретів. А все тому, що так все влаштовано.

І ви теж можете дізнатися, як вибудувати свій бізнес, як вибудувати свої продажі і як працює бізнес, як працюють продажі. Ви також можете займатися консалтингом. Якщо ви хочете цим займатися, це дуже прибутковий бізнес. Ви можете домогтися результатів. Якщо ви можете відповідати за свої слова своїми власними грошима. Я маю на увазі, якщо ви щось говорите і це працює. Якщо це не спрацює, клієнт отримає свої гроші назад. Якщо це спрацює, ви отримаєте свої гроші. Ви отримуєте гонорар і всі задоволені.

У цьому і полягає суть бізнесу. Усі отримують вигоду, і ви теж.

Почнемо з першого секрету.

Вам постійно кажуть, що ви маєте робити. Прочитати проєкт, з потрібними словами, і продажі підуть як по маслу. Тільки так все куплять. Але вам це не допоможе, якщо ви не знаєте, як це зробити. На верху піраміди стоїть продавець, який не боїться покупця.

Тобто ви, той хто викладає інформацію. І сценарій, який ви можете безкоштовно завантажити з інтернету, вам не допоможе. Чому? Тому що вам просто не повірять. І якщо у вас немає того, кому ви можете щось продати, продажу не буде. Якщо нікому продавати, продажу не відбудеться. Якщо людина, яка продає товар, не знає, як говорити, продаж не відбудеться. Якщо вона знає тільки те, що говорити, Продаж не відбудеться.
Саме тому ми з самого початку працюємо над тим, щоб поставити вас у центр уваги.
Ви в центрі подій. Чому ви маєте бути багаті? Чому платити повинні вам? Чому вірити повинні вам? Причина, через яку продажі не відбуваються, проста і зрозуміла. Вам не вірять. А чому вам повинні вірити? Коли ви востаннє вірили в себе і собі? Багато хто з вас погодився працювати на невідому компанію, яка продає незрозумілого що.

Отже, щоб купили у вас, ви маєте бути майстром зі здійснення угод. Це та людина, яка займається закриттям договору продажу. Це людина, якій довіряють, вона експерт у розв'язанні людських проблем, до якої звертаються по допомогу.

Подумайте, що таке продажі?
Ви маєте продавати. Це не продаж хліба, м'яса чи чогось іще.
Ви можете продавати поради. Ви можете продавати інформацію або вирішення проблем. Іншими словами, якщо ви переконані в тому, що можете вирішити проблему. Якщо ви можете взяти на себе відповідальність за свої слова, ви зможете закривати угоду. Ви можете стати тим, кого беруть на роботу здебільшого у сфері продажів. Без таких людей будь-який бізнес не працює. Заводи зупиняються, фірми закриваються. Тисячі людей різних професій залишаються без роботи, якщо там немає найголовнішої людини, яка закриває угоди. Якщо товар не продається, він взагалі нікуди не годиться. Усім, хто там працює, не платять. Найважливіша професія в бізнесі - це не бухгалтер, а людина, яка закриває угоди. Гроші це те, заради чого працюють усі. Починаючи з генерального директора, боса, власника. Власники і всі інші працюють на це. Без Продажів бізнесу не відбудеться.

Тому я хочу, щоб ви усвідомили, хто ви є.
Ви - найважливіша людина в будь-якому бізнесі. Ви маєте відчинити двері ногою. Тому що ви - єдиний, хто може принести гроші в цю компанію. Ця компанія залежить від вас.

Коли ви починаєте розуміти, хто ви і як продавати, все починає працювати. Навіть скрипти. Тому що у вас є чіткий план, щоб зрозуміти, як продавати. І найголовніше, ви звільнитеся від страху. Якщо продавець боїться продукту, і не впевнений у його якості, боїться свого клієнта, то продаж неможливий.

Спробуємо коротко описати, хто є людиною, яка закриває угоди. Ви - людина, яка має укласти угоду. Тому, якщо ви уявите себе в образі людини, яка повинна і може укласти угоду, у вас все вийде. Вітаю, ви почнете ставати професіоналом.

У вас не буде проблем із продажами. Ви знатимете, кому продавати. Як залучати людей і як відсіювати їх. Ви навіть знатимете, як відсіювати людей, з якими вам не потрібно розмовляти.

Кожен бізнес складається з трьох частин:
1. маркетинг (залучення клієнтів);
2. продаж послуг або товару
3. надання послуг

У цій книжці ви познайомитеся з продажами та всіма тонкощами цієї професії. Ось деякі ключові аспекти успішного продавця.

Ця книга покликана допомогти вам вивести свою кар'єру на новий рівень або підняти свій бізнес. Найважливіше зрозуміти причини, через які люди купують.

Кожен продавець хоче знати, чому клієнти не купують у нього. І перше, про що слід замислитися, - це те, що спонукає людей витрачати свої гроші на ваш товар. Це не мрія, потреба, проблема, біль, це те, на що ви можете вплинути вже зараз, ще до розмови з покупцем. Ось фактори, які обов'язково потрібно враховувати під час написання пропозиції.

Перше це ціна. Не буде перебільшенням сказати, що чим дешевший продукт, тим легше його продати. Але ця залежність не є прямою. У багатьох галузях подвоєння ціни лише ускладнює роботу продавця на 20 %. Зі звичайними товарами справи йдуть інакше. Продавець комп'ютерної техніки має бути нарівні з іншими фірмами за рахунок ціноутворення. А ось продавці антикваріату можуть підвищувати ціни. Але тільки якщо вони пояснять покупцеві причини.

Якщо у вас купують тільки через знижену ціну - це тривожний сигнал, ви нічого не можете з цим вдіяти. Низька пропозиція ціни незабаром підніметься. І часто призводять до низького прибутку, і до цього ми точно не прагнемо.

Друге на що потрібно звернути увагу - це якість.

Одяг, техніка, медичні та юридичні послуги. Коли ви знатимете, що одяг зручний і з часом зберігає свою вартість, техніка прослужить вам довгі роки. Операції та медичні процедури будуть успішними, а ваші права захищені з усіх боків. Автомобіль за 100 тисяч доларів у десять разів якісніший, ніж автомобіль за 10 тисяч доларів.

Коли якість стоїть на чолі кута вашого бізнесу, спілкування має величезне значення. Зрештою, вам потрібно пояснити клієнтам, чому ваш продукт кращий, ніж у конкурентів. Якщо йдеться про послугу, вам потрібно показати компетентність. Якщо це товар, то необхідно пояснити його перевагу. Наприклад, довговічність, економність і екологічність.

Третє це Брендинг. Насамперед бренд був просто гарантією якості. Назва фірми була добре відома і люди були задоволені якістю продукції. Сьогодні бренд - це набагато більше. Це спосіб заявити про приналежність до групи людей, які поділяють спільну точку зору або володіють певними якостями. Так у чому ж секретний соус? Люди купують тому що думають, що так вони матимуть кращий вигляд в очах оточуючих.

Четверте це Вибір. Сьогодні на великих майданчиках інтернет магазинів можна купити практично все. Не кожному бізнесу потрібен каталог із сотнями сторінок. Але людям потрібен вибір. Зіткнувшись з таким великим вибором, вони підсвідомо будуть більше думати про те, який товар їм більше підходить, ніж про те, чи варто з вами працювати.

І п'яте це Зручність. Ви безліч разів брали що-небудь з'їсти і випити на заправці, хоча знали, що будь-яка дрібниця коштує дорожче, ніж у магазині на розі? А скільки разів, побачивши навіть не велику чергу, виходили з магазину без покупок? Незважаючи на величезний асортимент товарів, доступних за низькими цінами. Коли бізнес ігнорує зручність, покупці страждають і опиняються без товару, незважаючи на очевидну вигоду для себе.

Онлайн-покупки процвітають тому, що це зручно. Подумайте, скільки зручностей привнесли у ваше життя Інтернет і смартфони. Сьогодні ви можете купити що завгодно - від яблук до нерухомості - всього за кілька кліків. Вам навіть не потрібно виходити з дому. Бізнеси, що пропонують більше зручностей для клієнта, можуть одразу ж отримати більшу перевагу.

Коротенько це можна сформулювати так. Люди - не роботи і не можуть купувати з однієї лише причини Завжди пріоритети змінюються від безлічі різних факторів. Тому нерозумно робити ставку тільки на одну причину. Проаналізуйте постачальника. Подумайте, яких якостей вам бракує, як їх виправити і чи потрібні ці якості в цій ситуації. І починайте діяти.

Вирішувати проблеми клієнтів і заробляти гроші. Тепер я розповім про типи продавців. Насправді це не типи продавців. Це люди, які вважають себе продавцями.

До першого типу належать. Люди, які приймають замовлення і насправді не є продавцями.

Люди, які працюють у роздрібній торгівлі. Наприклад, у "Макдоналдсі" вони приймають замовлення. "Дайте мені цю баночку кока-коли, цю булочку." "Добре, а що ще хочете?" Іншими словами, цих людей можна зустріти в будь-якому магазині, салоні, вони підбирають за розміром вподобаний вами товар. Ви приміряєте і йдете з покупками.

Другий тип людей - це ті, які називають себе продавцями. Вони досвідчені, сидять і роблять все по-старому. Вони старомодні. Їх не цікавлять ні нові технології, ні соціальні мережі. Вони звикли говорити одне й те саме по телефону. Вони не мотивовані, вони просто роблять свою роботу.

А третій тип це продавець, найважливіший тип, найвпливовіший і найпотужніший тип продавців.

Але це вже не продавці. Це люди набагато вищого класу.

Люди, яких поважають і які вирішують проблеми. Це ті, хто може укладати угоди. Доти, доки угоду не буде укладено, нічого не має значення. Ви можете робити що завгодно хоч танцювати й пісні співати. Але все це не допоможе. Якщо угода не закрита - то продажу немає.

То чим відрізняється майстер продажів від продавця?

Різниця між продавцем і майстром продажів полягає в тому, що люди хочуть купити у нього і вирішити свої проблеми. А потім клієнт думає, що сам прийняв рішення. Клієнт дякує їм за те, що вони зробили для нього. Іншими словами, цей майстер продажів вирішив дуже серйозну проблему людини. "Ми розглянули всі варіанти і знайшли найкращий для вас." Він ніколи не каже "спасибі за вашу покупку." Коли угоду завершено, він каже "Вітаю. Ви правильно і вдало вклали гроші. Ви прийняли правильне рішення. Я тільки підібрав вам цей варіант." Він вирішив найглобальнішу проблему свого клієнта. Процес угоди безболісний. Це прекрасно, і людина насолоджується процесом. Їй не вказують. Її не змушують купувати те, що їй не потрібно. Клієнту запропонували найкращий варіант. І людина приймає це. У цьому і полягає різниця.

Є таке поняття, як продавець. Це виконавець замовлень, який працює в "Макдоналдсі" або булочній. Принесіть мені туфлі такого-то розміру. Принесіть мені каву. Деякі продавці не знають, що таке майстри продажів. Старомодність без сучасних технологій. Продовжувати працювати так, як вони працювали тридцять років тому. І іноді вони навіть продають.

Майстер продажів - це вищий клас із продавців, які вирішують найглобальніші проблеми. Він нікого не змушує купувати.

Людина сама приймає рішення і дякує йому за розв'язання її глобальної проблеми. У відповідь майстер продажів каже людині "Вітаю, ваше життя стало набагато кращим. Вітаю вас."
У цій книзі ви дізнаєтеся, унікальну інформацію що зробить вас багатим і успішним. Як вирішувати проблеми клієнтів і заробляти гроші.
Хто такі майстри продажів і чому ці люди вважаються найкращими продавцями. Їм не потрібно переконувати, не потрібно тиснути, не потрібно бути хитрими. Їхня зброя - "пропозиція, від якої не можна відмовитися". Тому що вони вирішують проблеми. Швидко, ефективно і назавжди.

Не плутайте ентузіазм із м'якістю.

Недосвідчені продавці так рвуться вирішувати проблеми, що приймають бажане за дійсне. Потім вони дивуються відсутності зростання продажів і розчаровуються в самому бізнесі. Усе, що вам потрібно зробити, - це подумати і зрозуміти, що ваш клієнт живе не тільки своїми проблемами. Усі його бажання можна розділити на категорії.
Мрії. Чи то лімузин, чи то новий Феррарі, чи то подорож до Антарктиди, чи то політ на космічному кораблі - мрії бувають різними, але спільне в них одне. Вони ніколи не термінові. Вони вкрай низько пріоритетні.

Виконання мрії відкладається на потім. Це "потім" може настати через місяць або навіть через роки. Якщо ваш продукт - лише чиясь мрія, його не купуватимуть зараз.

Попит. Те, що покупець планує придбати найближчим часом. Як і мрія, це ще не терміново. Але це вже важливо. Наприклад, покупець розуміє, що йому потрібні теплі черевики на початку зими. Він обов'язково їх купить, але не влітку. У нього є більш термінова потреба. У нього є час подумати і вибрати найбільш підходящий фасон черевиків.

Проблема. Важлива і термінова. Якщо він проігнорує її, ситуація погіршиться. Щоб запобігти негативній ситуації, вона готова купувати, не звертаючи уваги на те, що відбувається тут і зараз. Наприклад, людина, яка поспішає на важливу зустріч і потрапила під дощ, погоджується заплатити за парасольку подвійну ціну, щоб не зіпсувати дорогий костюм. Це відбувається тому, що торг обходиться дорожче.

Біль. Це питання, яке мало бути вирішене ще вчора. Виникла негативна ситуація, і ніхто не торгуватиметься і не заплатить будь-яку ціну, щоб виправити або хоча б зробити менший збиток. Наприклад, у вас давно протікав кран, але не доходили руки його полагодити. І одного прекрасного ранку прорвало воду і топить нижні квартири. Людина заплатить подвійну ціну сантехніку, тільки б швидше вирішити цю проблему.

Мрію продавати красиво звучить.

Якщо ви хочете стати майстром продажів вам доведеться мати справу з потребами. Але найідеальніший варіант це проблеми і болі. Просто навчіться дивитися на кожну ситуацію і розуміти, з якими вимогами вам доведеться мати справу.

Потрібно перемикати увагу.

Продаж будинків замість іпотеки, здоров'я замість ліків, опалення замість обігрівачів. У цій ідеї, безумовно тут є позитивний бік. Вона фокусує увагу покупця на перевагах, які він отримує. Однак, майстер продажів допомагає вирішувати проблему. У гонитві за позитивним іміджем легко забути про цей факт. Так і чинить звичайний продавець. Навіщо заглиблюватися в проблеми клієнта, якщо можна розповісти про переваги товару чи послуги за книжкою? Зрештою, якби ви цього не робили, більшість бізнесом би просто прогоріли. Але думати про себе, не думаючи про своїх клієнтів, кажучи про переваги свого продукту, не заглиблюючись у проблеми своїх клієнтів, - це все одно, що спершу взути черевики, а потім штани. Напевно вийде, але дуже важкий процес.

Візьмемо для прикладу акустичну систему. Для простого продавця ситуація дуже проста. Він надає клієнту велику кількість інформації. Майстер продажів навпаки, розуміє, що проблема завжди багатогранна. Одному клієнту в маленьку квартиру.

Другому у великий клуб, треті не чутливі до ціни, але потребують спеціальних модифікацій для відкритих концертних майданчиків. Поставте себе на місце клієнта і порівняйте два сценарії: у першому випадку вас бомбардують купою непотрібної інформації. Може там і був потрібний варіант, але клієнт його не можете виділити з цієї купи слів. У другому - вам ставлять кілька простих запитань, потім запропонують вам точний спосіб вирішення проблеми тут і зараз. Саме в цьому випадку ви заплатите за товар або послугу.

Не чекайте, що клієнт почне вам сам розповідати про свою проблему. Зрештою, він не майстер проведення ідеальних угод. Він соромиться говорити про свої проблеми і сам не знає, чого хоче. Ви маєте не тільки знати, в чому проблема, а й показати її клієнту. Ви - лікар, клієнт - пацієнт, проблема - діагноз, продукт - лікування.

Вирішуйте проблему або біль, а не бажання. Більшість пропозицій робляться в ситуаціях, від яких справді неможливо відмовитися. Проблеми майже завжди є відправною точкою угоди. Навчіться визначати проблеми, класифікувати їх і пропонувати рішення. Так, це складніше, ніж скопіювати шаблон. Але це має ефект і приносить вигоду.

Розділ. 2. Говоріть менше, продавайте більше.

Мені часто кажуть, що я не дуже товариська людина. Я інтроверт.
Мені подобається сидіти тихо, займатися своїми справами, ні з ким не розмовляти. Але коли мені потрібно здійснити продаж або угоду, я говорю. Тож це вибір.
Немає такого поняття, як інтроверт або екстраверт. Тож якщо ви вирішили, що ви інтроверт, ви теж можете укладати угоди. Вітаю. Ви будете жити успішним життям. Я кажу це з упевненістю.

Найвпливовіши люди в продажах - інтроверти. Секрет у тому, чому. Справа не в тому, що ви говорите зі своїми клієнтами. Справа в тому, що ви вмієте слухати свого клієнта. Які у них проблеми і що їм потрібно вирішити. Ось чому у деяких компаній є конкурс на $10 000, $100 000 на 1 млн доларів продажів. Щоб перемогти в цьому конкурсі, ви повинні довести, що отримуєте певну суму грошей у вигляді комісійних. Справа не в тому, на скільки ви продаєте товару. Справа в тому, скільки грошей ви отримуєте комісійних. Це дуже важливо. Продавати за копійки нікому не подобається. Ви хочете бути багатим і успішним. За ці гроші ви купуєте все, що хочете.

Але найпотужніший інструмент у продажах - це "Мовчання".

Ще один секрет - правило 80/20.

Двадцять відсотків часу говорите ви. Ставите запитання. З'ясовуєте ситуацію. Саме той, хто ставить запитання, контролює ситуацію. Дайте їм виговоритися. Дайте клієнту можливість сказати все, що вони вважають за потрібне. Ваше завдання - слухати і вчитися слухати. Дуже корисний спосіб зробити це так: - заплющте очі і прислухайтеся до своїх клієнтів. Як вони дихають, як говорять і з якою швидкістю. Багато людей сприймають інформацію з тією ж швидкістю, як розмовляють. Ваше завдання - насамперед вислухати клієнта і ставити уточнювальні запитання. Тому іноді найкращий інструмент для вас - це мовчати. Тоді співрозмовник може запитати, "Ви мене чуєте?" "Так, мені просто потрібно подумати про це хвилинку," - відповідаєте ви.

Дуже часто ви як продавець чуєте це заперечення "Мені потрібно подумати". Хіба ми не можемо сказати те саме? Вам потрібно подумати і взяти паузу, і це допоможе змінити ситуацію на вашу користь. І подумати чи підійде ваш продукт цій людині чи ні? Вам потрібно подумати про те, чи будете ви використовувати свій час на цю людину? Контролюйте ситуацію за допомогою запитань. Більше ніж вісімдесят відсотків говорить клієнт, розповідаючи у всіх подробицях про продукт або послугу, яка йому необхідна. А ви повинні ставити запитання, уточнюючи деталі.

І не думайте, що чим більше ви говорите, тим більше ви продаєте. Чим більше ви засипаєте людину інформацією, тим більше ви шкодите тільки собі. Найкращий у світі продавець - це ваш клієнт. Ваш клієнт - це єдина людина, яка може вмовити себе купити ваш продукт. Ваше завдання - допомогти йому, підвести до цього рішення за допомогою запитань. Це дуже важливо, тому що кожного разу, коли у вас запитують "Скільки це коштує?" Ви відповідаєте, що для початку хотіли б самі поставити кілька уточнюючих запитань щодо кількості замовлення, якості, особливі технічні характеристики для експлуатації... "Ми підберемо для вас оптимальний варіант і розрахуємо ціну". Іншими словами, ви ставите запитання, які виявляють потреби клієнта.
Якщо ви відповідатимете на запитання невпопад, ви нашкодите і собі, і клієнту. Тому що ви не знаєте, що йому потрібно. Йому потрібен продукт вартістю 1000 або 10 000 доларів. Як ви можете відповісти на це запитання, якщо ви ще не визначили потребу? Наприклад, якщо людина каже - "Мені потрібна доставка сьогодні". Ви відповідаєте "Ви хочете купити цей товар, якщо ми доставимо його сьогодні, вірно? Так?" Клієнт відповідає - "Так, хочу." Це людина сама вирішила, що ваш продукт їй підходить. Ви зможемо використовувати це для закриття угоди. Вона вже прийняла рішення. Ви нічого не зробили.

В іншому випадку ви нічим не відрізняєтеся від інтернет-магазину, де все написано. У вашого товару така-то ціна. На його доставку йде тиждень. Усі характеристики в описі. Ось відео. Навіщо потрібні ви? Щоб виявити, що потрібно людині і як вона цього потребує і отримувати гроші від своїх клієнтів. Якщо ви не розумієте цього, ви нічим не відрізняєтеся від інтернет-магазину, який працює 24 години на добу, тому буде продавати більше.

Як правило, невпевнені в собі люди завжди намагаються сказати занадто багато. Так проявляється невпевненість у собі. Упевнені в собі люди ставлять запитання. Ось чому ваша робота - ставити запитання і менше говорите. Золоте правило - 80-20. Ви говорите 20 %, а ваш клієнт відповідає на ваші запитання 80 %. Таким чином, людина повинна розповісти вам реальні проблеми, які у неї є. І вона заплатить вам за вирішення реальної проблеми, яка виникла у людини.

Говоріть менше, продавайте більше.

Спілкування з клієнтами не означає повного контролю над діалогом. Навпаки, зараз ви дізнаєтеся як отримати бажане, не кажучи зайвого, просто слухаючи і ставлячи правильні запитання.

Щоб щось сказати, потрібно спочатку вислухати. Але ось у чому проблема: більшість людей слухають одне одного, не прислухаючись до того, що вони хочуть сказати.

У кращому разі, з ввічливості, вони вислуховують те, що збирається сказати інша людина, перш ніж сказати щось своє. Це проблема в повсякденному житті, але у світі бізнесу, тільки збиток може доходити до величезних сум. Тому навчіться слухати.

Давайте візьмемо на замітку такі правила.

Ніколи не перебивайте. Цьому нас вчать з дитинства, але, мабуть, цього недостатньо. Адже завжди хочеться показати, що ви розумієте всі його думки. Але будьте обережні. Ніхто не любить, коли його перебивають, навіть із благими намірами. Адже це кричуща неповага до інших. Ті, хто відчуває таке ставлення, будуть більш неохоче говорити прямо. Це правило для справжнього майстра продажів.

Фокус. Не всі клієнти короткі та лаконічні. Деякі клієнти заговорюють себе до смерті. У цьому випадку легко відволіктися від безглуздої балаканини телефоном і подумати про своє. Чи то майбутня вечеря, довгоочікувана вечірка у друзів, чи то несподівана проблема.

Але якщо ви будете відволікатися, то напевно пропустите щось важливе. А якщо ви не будете уважно слухати, то, найімовірніше, ваш покупець зрозуміє вашу відстороненість і покладе край вашій наміченій угоді.

Зробіть так, щоб вони почувалися комфортно.

Ні, не змушуйте його почуватися так, ніби він розмовляє зі старим колегою. Але й не будьте байдужими. Під час продажу в офлайні підтримуйте зоровий контакт. Не забувайте часто кивати. Посміхайтеся, коли це доречно. Якщо це телефонна розмова, говоріть "так", "звісно", "добре" та інші схожі слова. Слухати - не означає бути абсолютно байдужим.

Проявляйте співчуття. Хоч би як вам хотілося бачити в людині набиті грошима кишені, це людина насамперед. Зрозумійте це, інакше шлях у майстри продажів вам закритий. Відпустіть свої упереджені думки, подивіться на речі її очима і зрозумійте, на чому заснована її точка зору. У цьому і полягає суть діалогу. Читайте між рядків. Вникніть у проблему клієнта як у свою. Тоді ваша відповідь точно влучить у точку.

Не ставте клеймо на людину. У кожної людини є свої образливі стереотипи. Ви не повинні навішувати на людей ярлики. Тугодум, тупиця, неосвічений, дурний, соромиться, говорить надто тихо або голосно кричить. Ви можете переконати себе в поспіху, що не хочете мати з цією людиною справу або вона нічого не купить. Але "неосвічена" людина може виграти великі гроші, а "мямля" - закриває угоди часом на мільйони. Будьте терпимі до недоліків інших людей. Зрештою ви на них не одружуєтеся.

Уважно спостерігайте і слухайте людей. Розмовляючи телефоном, ви слухайте тільки вухами.

Під час спілкування віч-на-віч у справу вступають очі. Навіть якщо ви не психолог, ви можете вловити сигнали, спостерігаючи за мовою тіла і мімікою клієнта. По очах можна так багато зрозуміти про сенс того, що говорить співрозмовник. І ви майже автоматично зможете зрозуміти, що насправді турбує клієнта і про що він говорить. Не кажучи вже про те, що він може брехати.

Не робіть поспішних висновків. Знаєте, чому ви часто не слухаєте співрозмовника? Тому що ви вже почули всі основні моменти. Вірніше, нам здається, що ми їх почули. Цьому, безумовно, є причина. Більшість клієнтів надають більше важливої інформації за короткий проміжок часу. Однак у решті частини, яка має бути позбавлена змісту, інколи ховається інформація, здатна повністю переломити ситуацію. Достатньо одного речення, щоб нарешті картина абсолютно прояснилася.

Не потрібно просто мовчати, іноді підтакує і намагайтеся зробити все якомога спокійніше. Перемагає не той, у кого потужніша зброя, а той, хто вміє вникнути в суть проблеми, зрозуміти мотивацію клієнта, вибрати потрібний момент і зробити правильний додаток. Так, спочатку вам буде важко спокійно вислухати людину. Але зусилля за короткий час принесуть свій результат.

Навчившись слухати, настав час навчитися говорити.

У цьому житті як майстру продажів вам ніколи не встановлять зарплату, навіть якщо ви дуже подобаєтеся начальнику. Тому що, ви самі визначаєте свою зарплату.

У будь-якій компанії, де ви працюєте майстром продажів, немає верхньої межі. Але немає і нижньої. Немає підлоги, є безодня під ногами. Якщо ви потрапите в неї, на жаль, у вас будуть великі проблеми. Тому, як підприємець, перше, що ви маєте знати. Як бізнесмен або продавець. Де взяти потенційних клієнтів. Тобто людину, якій ви будите продавати. Використовуйте соціальні мережі для купівлі клієнтів. Купувати в наш час так просто і легко. Ви можете зареєструватися в Google,Facebook, Instagram, YouTube, тощо. Налаштуйте там рекламу, де можна перерахувати портрет вашого покупця. Мені потрібні люди такого-то віку, з таким-то хобі. І ваша реклама цілодобово надаватиме вам клієнтів.

Як продавати краще і якісніше?

Перше, що вам потрібно зробити - це виправити свою підсвідомість, яка завжди утримує людей від теми багатства. Люди, які досягли великого успіху і величезного багатства, всі були майстрами продажів і дуже закритими людьми. Стів Джобс і Елон Маск, Білл Гейтс. Це ті, хто виходять на сцену. Вони виступають на телебаченні. Щоб просувати свої компанії та бізнеси. Вони говорять. Більшість із них - мовчуни в житті, а в них це добре виходить.

Вам потрібно навчитися цього. Ви маєте зрозуміти, що змушує їх заробляти великі гроші.

Зараз ми з вами з'ясуємо як це зробити. Як ефективно спілкуватися.

Вам потрібно знати цю статистику і правила. При візуальному спілкуванні один на один. 55% інформації людина показує своїм тілом і виразом обличчя. 38% це тон голосу, паузи. І тільки 7% інформації передається за допомогою мови за допомогою слів. Інформація - це образи, тон і слова. Однак у телефонному дзвінку все на 80 відсотків залежить від тону. І тільки 20 відсотків від слів, які ви говорите.

Зрозумійте як це важливо. Подумайте про те, щоб говорити з правильною інтонацією. Спробуйте сказати одні й ті самі слова, але з різною інтонацією. Я хочу, щоб ви уявили, що ви відчуваєте.

Одна й та сама фраза знову і знову.

"Доброго дня. Що я можу для вас зробити?" Інтонація і почуття, які вона викликає. Ваше завдання - говорити впевнено і чітко. Впевнено і ясно, щоб нікого не дратувати. Щоб люди не дратувалися, щоб не почувалися нерозумно. Так, інакше кажучи, ваша робота - це коли люди говорять з вами і розуміють, що ви - професіонал і фахівець найвищого рівня, який вирішує проблеми. Що рішення існує, і воно у вас є. Це те, що ви продаєте за гроші. Ваше завдання також почати слухати себе. Рекомендується записувати свої розмови з людьми. У кожного є телефон, є такий апарат, який називається диктофон. Це машина, яка записує звук і запишіть себе, коли ви з кимось розмовляєте. Просто увімкніть диктофон і послухайте, як ви говорите з кимось певним тоном.

Заплющте очі і запитайте себе, чи впевнені ви в тому, що говорите. У який момент затремтів голос. У який момент інтонація підвищилася чи знизилася?

Інтонація завжди підвищується, коли вас запитують. А під час висловлювань вона завжди знижується. А коли ви говорите нейтрально, вона залишається на тому ж рівні. Ви можете маніпулювати інтонацією.

Перше, що ви маєте зробити, це звернути увагу на свою інтонацію. Наступне, що потрібно зробити, - це прислухатися до власного голосу. Прислухайтеся до себе і до голосу іншої людини.

Інтонація має відповідати темпу співрозмовника. Якщо ваша швидкість та інтонація збігаються, вас зрозуміють, бо вони слухають ваш голос. При цьому ви отримуєте більше інструментів впливу на продажі. Ви станете ще ближче до професії майстра продажів. Ви зможете заробляти обмежені гроші.

Навчившись слухати, настав час навчитися говорити.

У цьому процесі не важливо, що ви говорите, важливо, як ви це говорите. Але щойно ви зрозумієте це, ви знатимете, як встановити чарівний зв'язок із вашими клієнтами.

Поради для переконливих презентацій.

Давайте повторимо це ще раз.

Тон вашого голосу набагато важливіший, ніж слова, вимовлені вами. Іншими словами, настав час усвідомити, що ваш голос - це інструмент, і настав час вчитися ним користуватися. Те, як ви говорите, - це ваша візитна картка. Люди чують ваш голос по телефону і уявляють вас собі. Було б нерозумно недооцінювати важливість цього під час спілкування віч-на-віч. Ваш голос буде почутий, якщо ви будете дотримуватися цих принципів.

Перше це швидкість мовлення. Йдеться про швидкість, з якою ви говорите, довжину ваших слів і паузи. Швидкість мовлення залежить від вашої особистості, емоційного стану та контексту, в якому ви спілкуєтеся. Упевнені в собі люди говорять у рівному, помірному темпі, з чіткими паузами між словами.

Недосвідчені продавці можуть подумати, що швидка мова - найкращий спосіб бути виразним, але це не так. Навпаки, занадто швидка мова пояснюється тим, що той, хто говорить, нервує, і часто сприймається саме так. Само собою зрозуміло, що занадто швидке мовлення може призвести до розмивання сенсу мовлення і втрати правильного фокусу.

Однак сповільнювати темп мовлення слід з умінням. По-перше, не перестарайтеся, щоб це не звучало так, ніби ви спускаєте мову на гальмах. По-друге, стежте за тим, щоб промова не звучала повчально. І те, й інше може дратувати співрозмовника.

Також необхідно підтримувати стійкий темп мовлення, коли йдеться про складні питання або коли слухачеві потрібен час, щоб зрозуміти.

Гучність звуку. Не говоріть про ситуації, які змушують вас підвищувати голос, наприклад про погану якість мобільного зв'язку або шум у кімнаті. Нас цікавлять психологічні та емоційні чинники. Адже гучність вашого голосу - це інструмент, що забезпечує не лише доречність ситуації спілкування, а й виразність та різноманітність вашої промови. І саме тут на ораторів-початківців чатує небезпека. Це відбувається тому, що з дитинства нам розповідають, наприклад, про голос командира. Насправді інтенсивність голосу, збільшуючи гучність, збільшує дистанцію між вами та співрозмовником. Звісно, така манера говорити може сприйматися і як невпевненість у собі. Згадуйте ці рекомендації завжди, коли говорите з людиною.

Тон і висота тембру. Ці поняття завжди легко сплутати, тому давайте почнемо з основ. Під висотою голосу розуміється здатність видавати низькі або високі звуки. Тембр, з іншого боку, - це індивідуальне забарвлення голосу, створюване додатковими вібраціями. Тембр є автоматичним і потребує тренування. Низький голос додає впевненості вашій промові, а високий означає, що ви себе не контролюєте. Ба більше, гідна промова не лише справляє гарне враження на слухача, а й налаштовує на потрібний лад і додає впевненості.

Інтонація. Мало хто знає, як використовувати в спілкуванні 10 різних відтінків. Але точно вмієте вимовити одну й ту саму фразу, і надати їй різноманітного змісту.

Інтонація дає змогу співрозмовнику вловити ваш настрій і прихований сенс вашої фрази. Інтонація - це інструмент для створення потрібної мелодії, а отже, захоплення уваги співрозмовника. Що чіткіша та різноманітніша інтонація, то вагоміше звучатиме ваша промова. Монотонна інтонація може створити враження формальності та підірвати зусилля зі встановлення взаєморозуміння. Важливо вибрати середню глибину інтонації та плавний перехід від одного тону до іншого.

Мовчання. Мовчання іноді говорить, що ви не задоволені почутим. Але багатозначні паузи між реченнями підвищать значимість сказаного. Мовчання - воістину золото, якщо ви навчитеся використовувати паузи. Адже правильна пауза підкреслює кульмінацію вашої промови, гарантує, що почуте дійде до співрозмовника, і показує, що ви домінуєте в розмові. Зрештою, краще зробити добре сплановану паузу, щоб підсумувати свої думки, ніж використовувати дурні фрази.

Семантичний акцент. Щоб сфокусувати увагу співрозмовника на потрібних словах, використовуйте всі перераховані вище поради. Ви можете виділяти слова, вимовляючи їх повільно, голосно, у дещо іншому ритмі або роблячи паузи. Метод не важливий. Важливо потрібні слова акцентувати і робити це правильно.

Здається, що у слів однакова смислова мета. Насправді різні відтінки фрази можуть бути дуже доречними на різних етапах переговорів. Що більше ви вслухатиметеся, то частіше відчуватимете цю різницю.

Прості лінгвістичні правила полегшать вам роботу. Використовуйте цю інформацію, щоб ефективно і ненав'язливо підкреслити важливу інформацію.

Правил дуже багато. Але, на щастя, ці правила дуже прості й зосереджені на простих правилах або природності. Просто вийдіть із клітки, позбудьтеся своїх помилок і перестаньте базікати. Тоді незабаром ви звучатимете впевнено. І ви опинитеся на шляху до справжньої впевненості в собі.

Розділ. 3. Простий спосіб зрозуміти складні рішення клієнта.

Дайте собі відповідь чесно. Дозволили б ви хірургу оперувати вас без освіти й досвіду? Іншими словами. Ви б дозволили незнайомцю оперувати вас? Вони проникають у ваше тіло і возиться з ним. Розумна людина, ймовірно, не стала б. Але багато людей починають бізнес, не маючи ні підготовки, ні навичок, ні досвіду, ні освіти.

Те ж саме відбувається у сфері продажів.

Як ви думаєте, чи зможете ви займатися продажами без навчання, необхідного для цієї професії. Це дуже дивна професія.

Навіть більш сумнівна, ніж підприємництво. Тому що ніхто не може пояснити, хто такий підприємець і чим він займається. Але подумайте про це. Які ваші шанси на успіх? Але правда в тому, що продаж - це дуже потужний інструмент і дуже сильний. Ви можете заробляти більше, ніж хірург, більше, ніж учитель.

Є й переваги роботи у сфері продажів. Ви починаєте працювати в новій компанії, там як і у всіх бізнесах потрібен професіонал у сфері продажів. У будь-якому бізнесі не буває винятків. Усім потрібна людина, яка укладає угоду, тобто той, хто вирішує проблему інших людей. Я повторю це ще раз. Саме вони вирішують проблеми людей. Їх цінують, а чому? Майстер продажів підвів клієнта до прийняття рішення, найкращого рішення в його житті.

Поговоримо про те, хто ви.

Простіше кажучи, це те, хто ви є і як ви спілкуєтеся і ставитеся до людей. Ви можете ставитися зверхньо, а можете бути в рівних стосунках зі своїм клієнтом. На жаль, багато продавців вважають себе нижчими за статусом, коли вони взаємодіють із клієнтом. З якоїсь причини вони починають облизувати губи і благати. Іншими словами, починають розмову з клієнтом із нижньої позиції.

Маєток було виставлено на продаж, і клієнт як король приїхав. Каже, покажи мені всі варіанти, що сьогодні у продажу. І така людина, як особистий водій, він просто водить машину і возить клієнта по всіх об'єктах. Цей продавець вважає, що клієнт це бос, керівник усього його життя. І він просто підкоряється. Він поводиться як той, хто приймає замовлення. З таким ставленням до себе ви втрачаєте весь вплив і станете просто жебрак. Ви маєте від самого початку поставити спілкування з клієнтом на правильний фундамент. Інакше ви втратите важелі впливу, ставите себе в нижчий статус і будете виглядати як прохач.

Що є найкращою системою координат? Стосунки. У кожних стосунків є рамка. Іншими словами, у вас є своя куля. Коли відбувається спілкування, одна куля поглинає іншу.

Наприклад, одна галактика поглинає іншу галактику і вони з'єднуються та стають єдиним цілим. Те ж саме відбувається і в будь-яких стосунках. Іншими словами, саме те, яка куля сильніша, та й переможе. Це має бути той, хто продає.

Є дві людини - покупці. Тому що відбувається два продажі. Один продає одному, інший - іншому. Але має перемогти той, хто хоче допомогти іншому. Так має відбуватися завжди. Покупець намагався переконав вас, що в мене немає грошей. Мені потрібно подумати, і ще щось. Щоб взаємодіяти з самого початку, потрібно зайняти свою позицію.

Найкраща рамка називається рамкою лікаря. Людина, яка лікує. Іншими словами, що відбувається? Припустимо, ви приходите до лікаря і у вас якась проблема. Лікар виходить і каже: "Ми вас так довго чекали. Ласкаво просимо. Сьогодні ви можете зробити три процедури за ціною однієї. Ба більше, сьогодні ви також отримаєте ліки безкоштовно."

Якщо ви з самого початку правильно оціните ситуацію. Ви відразу ж зміцнюєте своє становище. Як лікар із вами розмовляє? У вас є проблема, і ви йдете до нього. Він дуже спокійно починає з вами розмовляти. І найголовніше, що він робить? Лікар ставить вам запитання. Контролює ситуацію той, хто ставить запитання. "У чому ваша проблема? Що вас турбує". "У мене болить нога." "Ви кажете, що вона болить уже кілька днів.

Де саме вона болить? Які ліки ви приймали?" Чому він ставить ці запитання? Він виявляє проблему. І лікар ніколи нічого вам не продає. Він виписує рецепт на ліки. І свої рекомендації, наприклад, на тиждень. Це означає, що ніякого футболу. А потім ви дотримуєтеся вказівок лікаря. І незабаром ваше здоров'я помітно покращилося. Ніхто не каже: "Я дам вам знижку, я вас про оперую набагато дешевше". Вам потрібен лікар, тому що у вас є проблема. Мені потрібен лікар, щоб у мене не було болю, щоб у мене не було проблем. Ніхто не каже лікарю, що в мене є гроші, врятуйте мене. Візьміть гроші й обслуговуйте мене.

Я хочу сказати, що дуже важливо, не будьте залежні ні від чого в цьому продажі. Ніколи не ставте себе в позицію того, хто просить. Це ваше позиціонування, ваша рамка. Іншими словами, від цього продажу у вашому житті взагалі нічого не залежить. Моє життя взагалі не залежить від цього, навіть якщо в мене немає грошей, щоб купити їжі на сьогодні. Чому? Ніхто не любить купувати у нужденних людей. Причина, через яку це відбувається, полягає в тому, що лікарі завжди займають високе становище. Він завжди авторитет і помічник. Усі покладаються на нього, і це залежить від конкретного випадку. Гроші, які не мають цінності, для мене в цьому випадку, якщо в мене болить нога. Я не можу робити певні речі. І це моя проблема.

Вирішення проблем для пацієнта або потенційних клієнтів це головна цінність. Гроші не можуть вирішити проблему. Тому, коли ви продаєте, якщо ви працюєте на компанію, перш за все ви маєте вірити, що ви найкращий продавець. Ви маєте вірити, що продаєте високоякісні продукти, які дійсно працюють. Дійсно вирішують проблеми. І найголовніше ви повинні самі користуватися тим, що продаєте. Наприклад, ви працюєте у сфері продажів автомобілів. І вам не подобається Rolls-Royce, ви віддаєте перевагу BMW.

Вам не слід продавати Rolls-Royce. У вас має бути мрія в житті - купити Rolls-Royce. Може у вас зараз навіть немає таких грошей. Але це має бути найкращий автомобіль. Для вас немає кращої машини у світі. Тільки тоді ви справді буде дуже добре знати всі характеристики вашого товару.

І ви б розповіли все як є. Тому що ви теж цього хочете. І ви розповісте йому або їй ту ж саму мрію. І вона має бути реалізована в його житті. Адже в нього є гроші. Він не може дозволити не реалізувати її. В іншому разі ви подібні до злодія, який намагається вкрасти гроші клієнта.

Якщо ви не вірите, що працюєте на найкращу компанію у світі, яка продає найкращий у світі продукт, найкращі товари. Перейдіть сьогодні в іншу компанію. Тому що ви не можете це продавати. Якщо ви не вірите в продукт, ви не станете найкращим, не станете номером один.

Якщо ви самі не хочете це купити.

Ваше завдання - зробити так, щоб люди захотіли "купити" це в першу чергу. Примусьте це рішення працювати на вас. Ви повинні заздрити тим, хто купує.

Те, що ви продаєте щодня, укладаєте багато угод. Ви повинні заздрити їм і вітати їх. Ви теж хочете купити це, але тепер вам доведеться відкладати гроші на цей продукт. Вітаю, це чудовий продукт.

Саме таке ставлення має бути у вас до продукту. Якщо ви сумніваєтеся і вважаєте, що не працюєте на найкращу компанію у світі, звільнитися просто зараз. Знайдіть компанію, де все працює вам у задоволення. Приходячи додому, ви маєте пишатися тим, що ви працюєте в найкращій компанії у світі. Де вирішують реальні проблеми.

І люди щасливі, коли віддають свої гроші. Тільки в цьому випадку ви зможете продати продукт будь-кому.

Тому дуже важливо те, як ви починаєте взаємодіяти з людьми.

Атмосфера, яка вас оточує, - це і є ви самі. Ви вирішуєте проблеми людей за гроші. Ви майстер продажів. Гроші, але це всього лише папір. Це просто папір на вашому банківському рахунку, просто цифра. А у вас є те, що зробить життя кращим. Ви вірите в це. Ви несете відповідальність, і маєте ставити запитання про те, що вам потрібно дізнатися. І ставлячи правильні навідні запитання, ви можете допомогти співрозмовнику дати їм зрозуміти, що у вас є те, що їм потрібно.

Якщо ви зробите це тоді всі задоволені, клієнт слухає і отримує саме те, що йому потрібно. Він задоволений, що ви вирішили його проблему.

Дуже важливо не говорити з підлеглої позиції, з ким би ви не розмовляли. Найкраща система координат - це вирішувач величезних, грандіозних проблем, і це і є орієнтир. Як, у якому тоні і в якій позиції починається взаємодія, так вона і відбувається. Тому не просіть купити у вас, а будьте висококласним фахівцем Майстром продажів.

Чому важлива система контролю?

У вас є свій кінцевий результат, як і у вашого клієнта. Раніше ви цього не знали, але тепер ви зможете глибше зрозуміти всі тонкощі відносин і взяти процес під контроль.

Простий спосіб зрозуміти складні рішення клієнта. Стратегія "трьох коробок" вирізняється своєю простотою і вирішує проблему вибору. З її допомогою вам не потрібно бути досвідченим психологом, щоб спонукати клієнта до покупки і виграти наступну угоду. Однак якщо ви хочете бути більш ефективними, вам необхідно глибше вивчити психологію вибору, і освоїти додаткові техніки.

Вибір або невдача. Наше життя складається з вибору. Він може бути як невеликим - "які солодощі або печиво підійдуть для післяобіднього чаю", так і великим - "у якому місті купити будинок".

Незалежно від масштабу, вибір - це цілий процес зі складною структурою, на який впливає безліч чинників. Начебто вибір найкращого варіанту - просте завдання, але в житті все набагато складніше.
Про тонкощі ми поговоримо пізніше, а поки давайте розберемося в основах. Вибір завжди передбачає наявність кількох альтернатив і достатнього бажання. Цінностей для людини багато, основні з них гроші, час, задоволення, любов, комфорт і саме життя.
Відсутність вибору дуже засмучує людину. Саме тому коли люди затягують з прийняттям важливих рішень, відчувають незручність. Яку можна порівняти з почуттями невпевненості, коли спливають у пам'яті давні помилкові рішення. Але водночас ви як майстер продажів маєте розуміти, що глибоко в душі, людина готова зробила вибір, або вже його зробила.
 Чому вибору всі бояться? Часто вибір полягає в тому, щоб "зберегти статус-кво або змінити його". За інших рівних умов збереження всього як є здається простішим і безпечнішим. Зрештою, не потрібно залишати (часто уявну) зону комфорту або порушувати уявну стабільність. Найголовніше - не потрібно нічого робити. Вибір між "діяти" і "не діяти", - відповідь проста.
 Зміни - це завжди крок в інший світ. Навіть у безпрограшних ситуаціях є свої приховані проблеми. Це може викликати занепокоєння, і страх. У ділових відносинах клієнт ніколи не може бути повністю впевненим у вашій чесності.

Якості вашого продукту або в тому, що він принесе бажані результати. Він цінуватиме те, що тримає у своїй руці, незалежно від того, який скарб ви пропонуєте. У результаті клієнт часто знаходить компроміс у слові "потім". Іншими словами, він обманює сам себе, і вас теж. Адже ніхто не відмовляється від покупки. Просто краще завтра, отримавши зарплату або порадившись із дружиною, він, безсумнівно, прийме рішення. Зрештою, він нікуди особливо не поспішає. Він може бути терплячим, і ви теж, здається йому.

Ще одна проблема - нерозуміння самого сенсу оплати. Купувати щось, безумовно, вигідно, і люди сприймають це як інвестицію. В іншому випадку вони зводять необхідність оплати як данину, а себе - асоціюють як жертву. Класичний приклад - комунальні послуги. Усі сприймають такі тарифи як несправедливе покарання і часом непомірно високу вартість. Хоча комерційним продуктам ця небажана тенденція не загрожує, забобони все ж виникають.

Крім того, клієнт сприймає придбання не тільки як придбання, а й як втрату. Втрата інших можливостей. Якщо вони купують нерухомість в одному місті, то вважають, що навряд чи зможуть купити щось в іншому. Вкладаючи гроші в інвестиції, ви подумки прощаєтеся з купівлею яхти своєї мрії в найближчому майбутньому. Розмовляючи з вами, він думатиме про ваших конкурентів і їхні вигідні умови.

Людям властиво шкодувати навіть про ті можливості, якими вони, можливо, ніколи не будуть користуватися.

Допоможіть своїм клієнтам подолати страх вибору.

Почніть із хорошого. Ви маєте розібратися з тим, що часто називають простим вибором.

Це передбачає аналіз кількох альтернатив на основі зрозумілих критеріїв і подальше ухвалення рішення про найкращий варіант. Це завдання більш очевидне, ніж семантичний вибір, який вимагає від людей створення власних критеріїв, і навіть більш очевидне, ніж особистий вибір, який стосується їхньої майбутньої долі.

Більшість страхів, на яких наполягають клієнти, можна подолати, використовуючи такі кілька прийомів:

Ідіть назустріч іншій людині. Інша людина шукає те, що вона називає своєю зоною комфорту. Покажіть їм ілюзорність їхньої зони комфорту. Сформулюйте сценарій, у якому потенційний клієнт сумнівається. Без мого продукту вони втратять гроші, здоров'я, безпеку та інші цінності. Вони ясно бачать майбутнє і жалкуватимуть про свій минулий вибір. У вас є правда, і не потрібно перебільшувати, а тим більше вигадувати.

Залишаємо їм завжди вихід. Якщо вам не сподобається, я поверну вам гроші, твердження, яке десятки разів використовували для продажу товарів і послуг з належною переконливістю.

Зрештою, покупці можуть змінити ситуацію, якщо захочуть. Саме тому мільйони людей по всьому світу купують навіть не приміряючи, або купую товари в інтернет-магазинах за дивовижними цінами. Не бійтеся повертати гроші. Тому що я впевнений у своєму продукті. Ви теж маєте бути впевнені у своєму продукті.

Нехай вас не вводить в оману слово "потім". Це правда, що іноді покупці обмірковують пропозицію і повертаються. Але найчастіше вони йдуть і більше ніколи не повертаються. Постарайтеся класифікувати всі причини, через які респонденти відкладають покупку. Іншими словами, поясніть, що відкладати не варто. Ідеальний час ніколи не настане, з грошима завжди туго, а сумніви будуть завжди. Але якщо клієнт купить зараз, то незабаром відчуєте плоди свого рішення.

Вибір не такий страшний, як його уявляють клієнти. Вони перетворюють прості рішення на складні, і на найважливіші рішення у своєму житті. Він ви маєте позбавляє людину від вигаданих страхів, розставляє все на свої місця і малювати два сценарії. Найголовніше, що він приносить більше користі, ніж запитувана ціна. Що більша різниця між цінністю і ціною, то легше вам буде їх переконати. Яку стратегію використовувати? Вибір за вами.

Давайте поговоримо про дуже серйозну проблему і дилему.

Люди не можуть прийняти рішення продавати за високу ціну або продавати за низьку. Чому це важливо. За скільки продаєш продукт, стільки й заробиш. Якщо ви не приймете доленосне рішення, ви ніколи не зможете заробити хороші гроші. Давайте розглянемо перший приклад. Припустимо, ви отримали 100 заявок - це 100 клієнтів протягом місяця. Припустимо, ви продаєте товар за 100 доларів. У вас купує 50% людей, то за місяць ви заробите 5000 доларів. Якщо ви хочете бути багатим. Продайте що-небудь за 10 000 доларів. Зі 100 клієнтами на місяць ви говорите по телефону 100 разів. Але реально купило всього дві людини. Інакше кажучи, дві людини зі 100 зацікавляться вашим продуктом, вашою послугою, хай би що це було. Двоє людей заплатили по 10000 доларів. Це 20 000 доларів на місяць. Ви виконали ту саму абсолютну роботу і поставили однакову кількість запитань одній і тій самій кількості людей. Але заробили на 400 відсотків більше. Так ви заробите більше грошей. Правильно.

У людей, які купують за великі гроші, менше проблем. Ці люди думаєте за себе, і вирішуєте самі за себе, вони самі закриють цей продаж. Продавати дорогі речі за вищими цінами завжди легко. За Ferrari не будуть торгуватися. Вони приходять і кажуть мені потрібно. Угоду укладено, і вони йдуть. Люди, які можуть дозволити собі купити за 100 000 доларів мають проблем набагато менше. Тож статистика у два відсотки більш вдала, ніж те, що ви продаєте за 100 доларів.

Ваше завдання позиціонувати себе. Скільки ви хочете заробити. Із самого початку ви маєте зрозуміти, що дорогі продажі завжди вигідніші, ніж дешеві. Ви будете спілкуватися з іншими людьми. Вони по-іншому привабливі. У них цікавіші проблеми і цікавіші контакти. Ви заводите цікавіші знайомства. Ви можете налагодити зв'язки. Припустимо, ви пропрацювали в дилерському центрі Ferrari десять років. Які ваші контакти? Ви познайомитеся з ними в процесі роботи. Подумайте про це. Цікавіше продавати яхти і літаки. Однієї угоди на рік може бути достатньо. Подумайте, що вам більше подобається, що вам цікавіше? Якщо ви будете витрачати свій час на дрібниці. Ви будете незадоволені. Чи хочете ви цього? Так ви ніколи не будете щасливі. Ви вже розумієте, що вам потрібно продавати за вищою ціною.

Чи можете ви заробити більше грошей?

Але є люди, які не можуть заплатити 10 000 доларів. Тоді продайте що-небудь не за $10 000, а схожий продукт за $5 000 доларів. Наступний етап продавати людям, які можуть дозволити собі заплатити тільки 1 000 доларів. Для них теж є економ варіант.

Ідея полягає в наступному.

Почніть із 10 000 доларів. Усім тим, хто може собі цього дозволити. І створіть додаткові продукти, щоб пропонувати людям купувати їх. Якщо ви продаєте один продукт, то тут тільки так чи ні.

Якщо ви продаєте два продукти, один коштує 10 доларів, а інший - 5 доларів, то є з чого вибирати. А якщо у вас в асортименті три продукти, то це ще цікавіше. Цей продукт VIP, цей для середнього рівня, а цей для новачків. Дайте їм можливість вибору. Почніть пропонувати з дорогих продуктів, а потім спускайтеся вниз. Іншими словами від дорогих до більш доступних.

Я хочу, щоб ваше життя процвітало. Я хочу, щоб ви насолоджувалися ним і заробляли багато грошей. І я хочу, щоб ви жили тим життям, про яке завжди мріяли.

У бідності є свої ознаки. У бідності є знаки бідності. У бідності є талісмани для залучення удачі та грошей.

Речі, які нібито привертають удачу. Дуже важливо сьогодні ж упакувати всі ці речі в сміттєвий пакет і викинути. Ви станете жебраком, тому що всі ці знаки - це талісмани бідності. Вони притягують, а не відштовхують бідність. Важливо зрозуміти ці моменти. Якщо ви не є інструментом для залучення грошей, багатства і щастя. Ви просто віддали свою силу цим амулетам. Ви віддали свою долю дешевим товарам. Переклали свою можливість заробляти, контролювати своє життя цим предметам. Ілон Маск, Білл Гейтс та інші мільярдери не мають у себе нічого подібного. Принаймні, ми маємо наслідувати тих, хто вже чогось домігся. Їм не потрібен талісман. Маючи ці предмети, ви одразу ж стаєте нижчими за статусом. Нижчим за предмет, якому ви віддали владу над вашим життям.

Я хочу, щоб ви пам'ятали. Від чого ви відмовилися і чому віддали владу. Ви не можете стати підприємцем.

Тому що ви віддаєте всю свою силу в руки речей, куплених на ринку.

Що ж таке гроші? Мені не потрібні гроші. Мені потрібні результати, які можна купити за гроші. Це здоров'я, Любов, Щастя. Це все, що можна купити за гроші. Якщо ви думаєте, що за гроші не можна купити здоров'я, ви помиляєтеся. Більшість шлюбів розпадається через фінансові проблеми. Тому що в них немає шансів у цьому світі. Люди, які з грошима можуть собі щось дозволити. Так, жінки біологічно такі. Спокійніше їм і є бажання мати дітей із чоловіком, який буде її забезпечувати. Без грошей ми не можемо розмножуватися. Про любов і достаток я говорю як про щастя, тому що без них ви не зможете розмножуватися.

Ви або вірите, що можете розбагатіти, або ні. Я хочу, щоб ви повірили, що можете стати багатими. Тому що зараз ви володієте найпотужнішими інструментами для зміни себе, який буде працювати у вашому бізнесі. Ви зможете легко брати гроші у своїх клієнтів за свою роботу. Ви станете безстрашними та впевненими в собі.

Різні ціни та різні пропозиції.

Це техніка трьох коробок. Наприклад, ви йдете в Macdonald, а там є мала - середня і найбільша картопля та кока-кола.

Ось що відбувається в людському розумі. Ви не обираєте "так" чи "ні". Ви виберете версію. Іншими словами, ви обираєте версію речення. Ви обираєте ту, яка найбільше підходить саме вам. Коли ми пропонуємо щось дешево, ми пропонуємо це людям, які це не купують за дорогою ціною. Але ця пропозиція не зовсім задовольняє покупця за кількістю та якістю. Саме тому ви випускаєте такий продукт, який ніхто не купує.

Припустимо, ви робите ще більш привабливий продукт. У ньому є все. Більшість людей куплять його. Потім ви робите VIP - пропозицію. І її найчастіше куплять 10 відсотків. Це залежить від того, що ви продаєте, але почніть із цього.

Якщо ви створите ілюзію, що у вас є вибір, тоді люди будуть купувати. Але ваше головне завдання продавати продукт середньої вартості. Цей продукт купуватимуть 50 відсотків ваших клієнтів. Ваше завдання - продавати цей продукт. Ви виробляєте дуже дорогий продукт для того, щоб середній здавався хорошим варіантом. Як не дивно. Люди, які думають, що їм потрібен VIP, куплять його. І третій продукт має відповідати своїй цінності. Він має бути чимось, він має перевищувати його ціну. Хтось захоче спробувати перевірити шахрайство це чи ні.

Після дешевого люди захочуть купувати і продукт середньої категорії. Я повторю це ще раз, тому що це дуже важливо.

Цей продукт, який ви виробляєте, середньої цінової категорії, трохи перевершує всі вимоги ринку. Він набагато потужніший.
І ви маєте зробити так, щоб люди купували цей продукт. Цей продукт - ваш флагман, і він має виконати все, що ви обіцяли своїм клієнтам. Середній продукт має вирішувати всі проблеми. Тому що він вирішує основну проблему і потребу покупця.
Ви не можете змусити людей купити найдорожчу річ. Але можете розділити товар на першу частину і другу частину. Купуючи першу частину, людина обов'язково купить і другу. Тому що це логічний наслідок. Якщо ви хочете продати один продукт, додайте до нього ще два. Організуйте свою пропозицію зрозумілим і простим способом, щоб збільшити продажі головного товару й отримати додатковий прибуток. Ці геніальні прийоми прості й тому ефективні. Спробуйте, і ви переконаєтеся в цьому.
Тепер у вас є техніка трьох коробок. І тепер ви можете почати продавати дорогі речі. І людина купить це.

Як заробити більше грошей швидше.

Ви дізналися, як заробляти більше грошей і економити час, продаючи високо цінні товари та послуги. Це універсальна техніка, яка може змінити не тільки ваш бізнес, а й ваше життя. Будь ласка, використовуйте її якомога швидше.

Стратегії утворення цін.

Майже всі продавці почуваються ніяково, називаючи ціну. Тоді їх запитують: "Чому у вас так дорого?", і вони впадають у паніку. Ви відчуваєте симптом "самозванця", якщо ви самі вважаєте, що ціна надто висока, ці почуття передаються і вашим покупцям. Але звідки ви знаєте, що ціна занадто висока? Тому що зовсім не знаєте звідки беруться і як розраховуються ціни. Настав час це виправити.
Вартість виробництва товару і націнка. Ще сто років тому це було нормою до собівартості додавати 10-15% прибутку. Тим, хто продає продукт унікальний, а не обігрівачі, не варто враховувати конкурентів. Лікарі можуть брати за свої послуги 10 або 100 доларів на годину, але це не означає, що найкращі послуги у дешевого лікаря.

Упаковка це важливо. Я маю на увазі не красиву коробку, а упаковку продукту в ширшому сенсі. Іншими словами, йдеться про те, як ви повідомляєте про цінність і про те, чи переважує ця цінність ціну в очах потенційного покупця. Коли ви бачите стільки корисного матеріалу, упакованого в один продукт, ви не можете не подумати: "Це краще, ніж усе, що я коли-небудь бачив". Якщо це тільки бюджетний варіант, то що ж у повній версії? Тепер ви можете наклеїти на нього будь-який цінник, і нікому не доведеться питати, чому він такий дорогий. Цінність перевищить будь-яку ціну.

Цінність бренду. У нашому світі перемагають бренди. Найважливіше в годиннику - це не точність часу, а просто слова, вигравірувані на циферблаті. Але що може бути краще за подарунок від знаменитого бренду? Сьогодні під маркою знаменитого бренди випускають різноманітність продуктів. Але все одно бренд має насамперед виправдовувати очікування людей, які його обирають. Ви купуєте adidas не тому, що це вічна пара кросівок, а тому, що відчуваєте себе частиною чогось більшого - групи людей, які носять це взуття і, схоже, поділяють ті самі цінності. Це не просто пара кросівок, це можливість опинитися в компанії знаменитих людей (принаймні, у вашій уяві). Якщо вам вдасться створити успішний бренд навколо свого продукту, його вартість відійде на дальній план. Ви продаватимете людям мрію і приналежність до обраних. А це завжди коштуватиме дорого.

Результат це важливо. Операція на печінці коштуватиме тисячі доларів, навіть якщо вона займає всього кілька годин. Пацієнт купує не час хірурга чи медичну послугу, а своє життя. А як щодо $40 000 за один тиждень навчання? Це було б занадто дорого. Багато хто з цим не погодиться. Щоправда, це трохи дешевше, ніж річне навчання в будь-якому знаменитому університеті в Америці. Але цей курс допомагає мільйонерам ставати мільярдерами.

Неважливо, скільки коштує продукт, якщо він принесе результат, який надалі набагато дорожчий, ніж ціна виробництва і продажу. Ви не збилися зі шляху. Ви можете і повинні розробити стратегію ціноутворення. - Об'єднайте їх. У наші дні принцип "витрати плюс рентабельний прибуток" теж працюватиме. Для багатьох компаній, таке ціноутворення - це нижня планка, нижче якої вони опускатися не можуть. Головна думка цього розділу в тому, що дорогий продукт це нормально. Навіть якщо виконати контракт коштувало не так дорого і складно. Ваше бажання не багато працювати, а багато заробляти.

Розділ. 4. Слова і фрази, які заважають продажам.

Звідки взялися заперечення?

Насправді заперечення не беруться нізвідки, вони виходять від вас.
Ви створюєте ці заперечення в процесі укладання угоди.
Заперечення виникають через неприйняття людьми того, що ви їм говорите в процесі обговорення угоди. Це неприйняття іншою стороною того, що ви намагаєтеся запропонувати. Наприклад, припустимо, ви пропонуєте укласти контракт. Але контракт підписати йому не приємно. Угода сторін звучить набагато краще. Люди хочуть бути могутніми і, так би мовити, повелителями. Не платити, а інвестувати. Це передбачає отримання прибутку. Вони не хочуть витрачати гроші. Ви можете запитати - "Коли ви хочете, щоб його доставили додому." Дуже легко сказати. Це завжди приємно. "Коли ви хочете піднести цей подарунок своїй дружині. Коли ви хочете, щоб ця каблучка, годинник, виблискували на руці вашої дружини?"
Йдеться про те, щоб пом'якшити слова, які ви використовуєте під час укладання угоди. Зробіть так, щоб їм було приємно. Заперечень за такого підходу просто не буде.
Усі хочуть інвестувати. Усі хочуть дарувати подарунки. Усі хочуть, щоб ця річ була в їхньому будинку.

Всі заперечення ви самі створюєте, розмовляючи з людиною формальними словами, вони і викликають заперечення у людей.

Люди хочуть інвестувати, а не віддавати гроші. Вони не хочуть підписувати контракти, їм більше подобається угода. Вони не хочуть купувати, люди хочуть мати це у своєму будинку. Вони хочуть почати щось, щоб змінити своє життя. Тому ви маєте прислухатися до того, що говорить клієнт.

Ваше завдання - прислухатися до того, як ця людина хоче купити у вас товар. Якщо ви на перших фразах знімаєте частину заперечень, вони у вас куплять. Заперечення все одно будуть, але їхня кількість буде невеликою.

Ви можете записати на аркуші паперу найпоширеніші фрази і змінити їх із позитивним змістом. Перефразувати свої відповіді на них. Ніхто не хоче купувати. Я хочу інвестувати і підписати угоду. Це все пом'якшує і деякі заперечення зникнуть.

Слова і фрази, які заважають продажам.

Люди часто використовують слова і фрази, які ображають потенційних клієнтів. Які саме вирази забирають у вас прибуток. Це дійсно слова-паразити. Але ви можете позбутися їх просто зараз.

Пам'ятайте, що майстер продажів ставитиме запитання, а не бомбардуватиме клієнта безліччю заготовлених фраз. У результаті він говорить тільки 20 % часу, а решту 80 % слухає. Оскільки він говорить менше, вагомість його слів вища. Відповідно, зростає і вартість помилок. Це особливо важливо при телефонному або голосовому спілкуванні без відео. У цьому випадку клієнт може судити про вас тільки за вашим голосом і манерою говорити. Тому необхідно працювати над цим. Подумайте про це.

Зараз обговоримо фонологічні моменти.

Пасивний стан. Це фрази, в якій немає суб'єкта (дійової особи), а є тільки об'єкт предмет дії. "Ми доставимо товар завтра" - це обіцянка дії. "Доставка товар завтра" - це є пасивним. Видалення підмета з цього речення знімає відповідальність, яку підсвідомо відчуває клієнт. Якщо щось піде не так, з кого спитати? Однак іноді виникає необхідність зняти з себе відповідальність. "Після закінчення 10 днів доступ до знижок буде обмежено". Ось ця пропозиція. Це була неприємна новина, але ви відмахнулися від цієї заяви. Замість того щоб змиритися з рішенням, ви сказали: "Гаразд, обмежений доступ. Ні і що. Так уже склалися обставини".

Зворотні дієслова. Це спосіб зняти з себе відповідальність. "Наш продукт негайно вирішить вашу проблему."

"Тоб то проблема сама вирішиться" - саме це несвідомо клієнт чує. Тоді навіщо ваш продукт, якщо все вирішиться саме?

Невизначено-особисте речення. Речення з невизначеною особою - це коли людина в реченні не є виконавцем дії, але з якоїсь причини не хоче називати предмет. Це відбувається тому, що продавці зазвичай думають, що людям набридли подробиці. "Вам надішлють зразок договору електронною поштою" звучить так, ніби щось приховується. Хто вам його надішле? Деякі люди не впевнені в таких відповідях.

Якщо ви не хочете, щоб вас вважали не порядною людиною, то будьте чесними. "Тоді моя помічниця надішле вам електронною поштою зразок договору". Використовуйте речення з невизначеною особою тільки тоді, коли хочете дистанціюватися від висловлювань, які говорили інші люди. Наприклад, "Нам кажуть, що інвестиція, яка покриває інфляцію, - це хороша інвестиція. Ми так не вважаємо і гарантуємо 15 відсотків на рік".

Принципи управління. Багато продавців вважають, що серйозні люди повинні говорити як чиновники. "Як офіційний представник компанії N, ми сподіваємося, що ви розглянете можливість співпраці з нами за низькою напрямків. Найближчим часом ми надішлемо вам запрошення електронною поштою." Подібну маячню досі можна зустріти в багатьох текстах, які компанії передають торговим представникам.

Це зарозуміло, виснажливо і вкрай неефективно. Що більше таких продавців у компанії, то менше грошей у бізнесі. Я маю на увазі не тільки канцелярські слова чиновників. Те ж саме стосується і рекламних слоганів. Давайте раз і назавжди забудемо про "молоду і динамічну компанію" або "дивовижну якість обслуговування".

Абстрактний вираз. Що таке "Швидкі терміни доставки?" "Найвища якість". "Наш сервіс вас здивує". Усе це лише інформаційний шум, який ніяк не допоможе клієнту. Без конкретної пропозиції продавці приречені на провал. Майстри продажів знають свій продукт зсередини. "Робочий об'єм двигуна, стільки то кубічних сантиметрів, якщо бути точним, - але в даному випадку технічні параметри не мають значення. Це jaguar. Цей автомобіль - витвір мистецтва, а не цифри на ціннику. Будь ласка, не соромтеся, розташовуйтеся і поїхали."

Змінити шкідливу звичку простіше, ніж кинути палити. І якщо ви дійсно хочете домогтися результату, ви можете це зробити. Перепишіть свої репліки з останньої розмови, виходячи з тієї інформації, яку ви щойно дізналися. Ви можете потренуватися перед дзеркалом. І застосовуйте все це у своїй роботі.

Якщо ви самі не боїтеся високих цін, то і ваші клієнти не будуть боятися.

Зараз вам будуть представлені найважливіші техніки.

Якщо їх не використовувати, ви нічого не продасте. Припустимо, у мене є 100 доларів для вас, у вас є 100 доларів для мене. Ми ними обмінюємося. Це виглядає не дуже цікаво. Змінимо ситуацію: я даю вам 100 доларів, а ви даєте мені тільки 1 долар. Це Клондайк, це дуже вигідна угода. Ви звісно розумієте, що це гарна ідея.

У будь-якому бізнесі, у будь-якому продажі важлива цінність, а не ціна. Тобто те, що ви намагаєтеся продати, має коштувати більше, ніж ті гроші, які людина за нього заплатила.

Ваша робота і головне завдання - це визначити цінність вашого сервісу або продукту. І переконатися, що цінність більша, ніж ціна. Припустимо, що зверху стоїть ваш клієнт. У клієнта є проблема, і в неї є рішення і це ваш продукт. Ви маєте зрозуміти, що замість того, щоб зосередитися на продукті. Ви маєте зосередитися на клієнті та його проблемі.

Якщо ви зосередитеся на продукті, а не на клієнті та його проблемі, то ви ніколи не зрозумієте, яку цінність шукає клієнт і за що він готовий платити. Це звичайна помилка продавців, вони починають говорити, коли не мають такого права. Якщо ви говорите більше, ніж ваші клієнти, ви не зможете нічого продати. Ваш продукт або послуга - це прекрасна річ, але якщо він не вирішує проблему клієнта, людина її не купить. Якщо він не допомагає вирішити проблему, він не має цінності для клієнта.

Якщо ви знаєте проблеми покупця, то ви можете сказати, що цей продукт відповідає всім критеріям, щоб вирішити його проблеми.

Критерії у людей завжди є. Менш важливі та більш важливі. Якщо запитати в людини, що для неї важливо, вона назве одну якість, за якою завжди криється щось більш важливе, ніж перша.

Для чого вам потрібні гроші?

"Я хочу поліпшити становище моєї сім'ї". "Що саме ви хочете поліпшити?" "Я хочу відправити своїх дітей у хороший коледж." "Чому?"

"Я хочу, щоб вони отримали гарну освіту." "Для чого їм гарна освіта?"

"Щоб дати дитині старт у житті та знайти престижну роботу." "Супер." Давши людині розв'язання проблеми, ви даєте їй щось більше, ніж просто ваш продукт. Що вищий цей стандарт, то більш емоційним він є.

Часто ви чуєте, що на іншому кінці телефону деякі люди починають плакати. Це дуже серйозна ситуація, тому що ми докопалися до критеріїв. Ви - єдина людина у світі, яка докопалася до істинної причини, через яку їй потрібен ваш товар. Ви єдиний, хто може вирішити цю проблему. Людина хоче купити тільки тоді, коли в неї є сильна емоція. Це різниця між бажанням купити і необхідністю купити.

Купують тільки тоді, коли хочуть купити. Ця емоція - дуже сильна емоція.

Зосередьтеся на клієнті та поставте правильні запитання. І знайдете справжню проблему. І як справжній лікар, ви добираєтеся до справжньої причини.

Тоді і тільки тоді ви маєте право розповісти про продукт. Чому у людини виникла ця проблема? І що вони хочуть зробити, щоб вирішити її, вони мають права говорити про це. Ви маєте зрозуміти, що цінність завжди має бути вищою за ціну.

Якщо ви не розумієте, що цінність завжди має бути вищою за ціну, то ви не маєте права продавати. Визначте істинний критерій, тобто істинну причину, і поки ви не знайдете рішення у вигляді продукту для цього клієнта, ви не маєте права говорити.

Тільки тоді він зрозуміє і купить його. Тому що в нього є кращий продукт, краще рішення для його власної проблеми.

Якщо ви самі не боїтеся високих цін, то і ваші клієнти не будуть боятися. Продавати за високою ціною - це добре. Але ви не знаєте, як довести це своїм клієнтам, співробітникам або самому собі. Дозвольте мені довести це за вас.

Усе, що вам потрібно зробити, - це перейняти прийоми, які зробили багатими сотні людей. Щойно ви зрозумієте ці принципи продажів, ціна продукту перестане мати значення. Ви зможете продавати так, як захочете.

Ознаки правильного продукту.

Продавців вчать, що їхня робота полягає в тому, щоб дати клієнту привід для покупки. Це звучить логічно, але не працює. Є багато причин бігати вранці. Але вас не вигнати на пробіжку. Розгадка в тому, що в кожної дії є причина, але більшість причин не призводять до дії. Тому майстер продажів не став сперечатися. Він зробив пропозицію, від якої клієнт не зміг би відмовитися, навіть якби захотів. Зрештою, якщо вони відмовляться зараз, то потім шкодуватимуть про це.

У таких безпрограшних пропозиціях завжди дотримується головний принцип продажу. Цінність вища за ціну. Але це лише одне що їх об'єднує.

Генрі Форд одного разу сказав: "Думати - найважча робота у світі. Можливо, саме тому так мало людей її виконують". Якщо людям важко просто зрозуміти пропозицію, вона не знайде відгуку в них. Люди віддають перевагу простим і зрозумілим речам. Книжки, що легко читаються, популярніші за філософські, а фільми за коміксами популярніші за складні фільми. Тому будьте стислими і простими, використовуйте просту мову і чітко формулюйте, що клієнт отримає в результаті.

Кажуть, що пропозиція має бути такою, щоб її могли зрозуміти навіть люди у віці. Тут є певні умовності. Коли ми розмовляємо з експертами, нам доводиться використовувати складну термінологію, яка їм знайома.

Однак "Привеземо вам товар із Китаю за тиждень", набагато краще, ніж "Ми пропонуємо повний спектр послуг із перевезень". Цінність удвічі вища за ціну, це безперечно. Однак більшість людей двічі подумає, перш ніж погодитися. Напевно, це шахрайство, - така природна реакція на таку пропозицію. Усі підсвідомо припускають, що угода має бути взаємовигідною. Якщо це не так, то це шахрайство. Однак іноді пропозиція здається неймовірною, бо вона унікальна. Тому ви маєте пояснити, як це можливо, і підкріпити ці слова відгуками щасливих клієнтів, які вже придбали ваш товар.

Люди діють більш зібрано в умовах стислих термінів. Якось в одному знаменитому університеті провели експеримент: студентів поділили на групи і встановили різні терміни для виконання завдання. Першій групі відвели дуже короткий період часу. Другій подвоїли час. Третій взагалі не встановлювали терміни. Дослідження показали, що перша група показала найкращі результати, тоді як у третій групі була найбільша кількість тих, хто не виконав завдання взагалі. Ми знаємо, що фальшиві таймери на сайтах - це проблема. Однак якщо клієнти не відчувають необхідності діяти негайно, вони не будуть купувати. Люди, які кажуть: "Я подумаю і передзвоню вам", часто забувають про терміновість ситуації.

Простота покупки. Ви знаєте, чому теле маркетологам вдається продавати все оптом.

Клієнти приймають рішення про покупку до того, як передумають. Усе, що їм потрібно зробити, - це набрати простий номер, вказати дані своєї банківської картки та адресу доставки. За кілька хвилин усе готово до відправлення. Цей принцип було перенесено в Інтернет. Чим простіше було замовляти товари, тим більше людей їх замовляло. Люди відмовляються від замовлення, бо не люблять заповнювати десятки бланків. Майстри продажів, які працюють у дорогих продажах, часто невіддільні від паперової роботи. Однак мінімізація адміністративної роботи може бути вигідною. Наприклад, надавати зразки договорів, щоб юридичним відділам обох компаній не доводилося сперечатися з приводу змін. В іншому разі можуть бути втрачені можливості, що призведе до зривів контрактів.

Мінімізуйте ризики. Клієнти завжди задаються питанням "що, якщо їм не сподобається продукт? Що, якщо товар не такий хороший, як його описують? А що, якщо це насправді шахрайство?" Усі ці питання викликані невпевненістю клієнта у вас і в собі. У результаті покупець сприймає покупку як азартну гру. А більшість людей несвідомо уникають ризикованих інвестицій. Переконайте клієнтів, що перед ними вирішення проблеми, а не просто грошова сума. Докази, сертифікати, результати досліджень - словом, усе, що підтверджує ефективність продукту.

Один із потужних кроків - гарантія повернення грошей.

Люди зациклюються на прийнятті остаточного рішення. "Якщо мені не сподобається, я отримаю свої гроші назад" - ця ідея ставить рішення про покупку на середину. Вона з більшою ймовірністю прийме це рішення.

Сильне бажання. Майстер продажів бачить корінь проблеми, він забирає ваш біль. Але виходить нова модель з розширеними функціями, необхідними йому для роботи, то людина обов'язково його купить. Тому що він прибирає її біль і допомагає збільшити свої можливості, а значить і прибуток. Якщо продукт вирішує їхню проблему і допомагає їм стати кращою версією самих себе, люди будуть раді його купити. Якщо ви доведете, що він може це зробити, вам не доведеться його продавати. Найкращий у світі майстер продажів - це ваш клієнт.

Чи повинен кожен продукт відповідати всім цим умовам? Якщо мета - отримати якомога більше клієнтів, то так. Але особливості бізнесу часто змушують нас просівати трафік. Кажуть, що танго всі танцюють без помилок. У продажах теж не буває помилок. Досвідчені продавці можуть зламати форму. Доти, доки вони розуміють, чому вони це роблять. Новачки ж можуть просто слідувати вказівкам і відточувати свою майстерність. Зрештою, навички можна набути тільки з досвідом.

Купують зовсім не те, що ви продаєте.
Колись давно те, що ви маєте зараз, було недоступне простій людині.

Тільки дуже багаті люди могли собі дозволити більшість речей, які у вас є зараз. До появи верстатів більшість речей робилася тільки для певних людей. Лише після того, як їх почали виробляти у великих кількостях, стало можливим купувати певні речі.

Чому люди купують?

Давайте подивимося, чому люди взагалі купують речі. Завжди була лише одна причина - для виживання. Якщо в людини не було часу вдягнути гарну сукню чи костюм, навіщо їй це. Люди зазвичай могли вдягнути його тільки у своїй уяві. Єдина причина, через яку люди купують речі - не тому, що їм це потрібно, а тому що вони хочуть відчувати.
Уявіть, що ми ведемо діалог. "Чому ви хочете продавати більше?" "Мені це потрібно, щоб зробити мій бізнес успішним? Щоб у мене було більше грошей."
"Навіщо вам більше грошей?"
"Тоді я зможу купити більший будинок." "Навіщо тобі потрібен більший будинок?" "Я хочу, щоб у моїх дітей був більший будинок, якщо зі мною щось трапиться. Я хочу виплатити його без кредиту. Я хочу, щоб моїм дітям і моїй родині було де жити."
Іншими словами. Усе це почуття. І вони починаються від простого до більшого і глобального в житті людини. Вони варіюються від банальних до важливих.

Заради майбутнього моїх дітей. Наприклад, якщо хтось хоче купити шикарну машину. Навіщо? "Я хочу, щоб люди знали, що я багато працюю і чогось домігся. Тоді, можливо, я зможу знайти когось, хто полюбить мене. Коли я був дитиною, у мене не було любові". Це означає, що якщо ви продаєте шматок заліза у вигляді машини, це і є мрія всього його життя, мрія про любов. Якщо ви продаєте шматок заліза у вигляді машини, це, найімовірніше, не принесе людині жодних результатів. Але якщо ви продаєте і знаєте, чому людина хоче його купити, і даєте їй це, вона, природно, купить.

Тому що через цей продаж не ви укладаєте угоду, а клієнт інвестує у своє майбутнє, краще життя.

Люди завжди хочуть, щоб їхнє життя стало кращим. Вони більше не хочуть вижити, люди хочуть поліпшити себе, і полегшити своє життя. В епоху рабства були раби, які виживали. Епоха рабства закінчилася. Тепер кожен може поліпшити свій спосіб життя і поліпшити свій побут. Найголовніше - це те, заради чого вони живуть.

Критерій завжди зводиться до того, що найважливіше. А найважливіше - це життя, тобто якщо ви копнете досить глибоко, ви знайдете найважливішу відповідь. Для чого я живу? Для того, щоб розвивати свій бізнес, заробляти більше, щоб дозволити собі більше, щоб поліпшити якість свого життя.

Спочатку ми починаємо з питання "хто", - це ви. Потім "як", як ви хочете заробляти гроші. І як сильно ви цього хочете.

Потім "що" ви хочете зробити з цими грошима. Завжди починаємо з вас, хто ви є, хто ви насправді. Які гроші ви хочете мати. Що ви хочете зробити з цими грошима. Ви можете прочитати сценарій або прочитати щось на аркуші паперу. Якщо ви не зміните себе, ви нічого не отримаєте. Ви можете зайти в Інтернет, завантажити скрипти продажів. Існують тисячі сценаріїв. Але життя від цього не зміниться. Щоб щось змінити, потрібно змінитися самому.

Немає такого, що в людини проблеми тільки з бізнесом. Усе життя, працює або не працює, і це стосується всіх аспектів. Стосунки, щастя, любов і найголовніше - гроші. Якщо ви можете заробити гроші, вам не потрібен сценарій на папері. Не сценарій, а ви маєте змінити себе. Для того щоб змінити себе, вам потрібно перепрограмувати стару програму. Неправильну програму. Вам потрібно перепрограмувати себе.

Я хочу допомогти вам поступово підняти планку вашого життя. Спочатку ви заробляєте 1000 доларів, потім 2 000 доларів. Потім три, чотири, п'ять, шість, сім, десять, двадцять, тридцять... а потім ви досягнете мільйона. Ви ніколи не перестрибнете через самого себе і свій розвиток. Чому? Тому що щойно ви перестрибнете, ви почнете спотикатися. І тоді вас життя карає. Повертає вас у те місце, яке ви пропустили. Що довше ви чините опір і що довше ви будете вірити самопроголошеним бізнес-тренерам з мікрофоном.

Що більше ви будите їм вірити, то більше ви будете нещасні й бідні. Ця книга для того, щоб дати кожному з вас шанс стати успішним і багатим, показати вам шлях. Усе залежить від вас. Ніхто не допоможе вам. Тому що, якщо ви не хочете жити таким життям, ніхто вам не допоможе.

Чому купують люди? Як же ви можете продавати, якщо не розумієте, що насправді впливає на вашого клієнта?

Ми розкриємо істинний контекст кожного продажу і допоможемо вам зрозуміти контекст кожної угоди на глибинному рівні.

Яка ваша мета? Скільки часу у вас є для досягнення цієї мети? Які перешкоди стримують вас?

Емоційні продажі: як працюють почуття.

Ми вже давно живемо в епоху брендів. Замість того щоб купувати товар, ми купуємо емоції, які виникають від причетності до чогось великого і приналежності до якоїсь групи. Тож якщо ви зараз продаєте техніку, товари або послуги, приготуйтеся незабаром розпрощатися зі своїм бізнесом. Або почніть застосовувати отримані знання на практиці.

Серце керує. Ви можете вважати себе вкрай раціональною людиною, але ця думка все одно помилкова. Зрештою, ухвалення рішень головою - це найпрактичніше завдання, яке вимагає від вас мобілізації розумових ресурсів.

Мислити серцем - це інше. Ми бачимо, чуємо і відчуваємо все, що відбувається навколо нас, і діємо, керуючись інтуїцією. Ці імпульси не завжди правильні, але вони найщиріші. Інакше кажучи, задіяти емоційну сторону набагато важливіше за раціональну. Як знають мільйони людей по всьому світу, Apple пропонує думати по-іншому. Red Bull бадьорить. Водити Toyota - це мрія. Володіти карткою MasterCard - зручно в усьому світі. Тому що ці бренди витрачають багато грошей, часу і зусиль, щоб завоювати серця і уми мас. Це не просто слоган. Бренди - це можливість об'єднати людей, у яких, здавалося б, мало спільного. Ба більше, емоційні переваги можуть переважити функціональні недоліки. Коли з'явилося перше покоління iPhone, нікого не хвилювало, що вони не можуть встановлювати власні рингтони. Мільйони людей користуються Instagram, але вони не стали скаржитися, що не можуть публікувати навіть елементарні посилання. Якщо ламається Range Rover, кузов доводиться знімати з рами, але шанувальників позашляховиків преміум-класу це анітрохи не чіпає. Якщо дати споживачам правильну емоційну прив'язаність, вони не будуть шукати недоліки.

 Мета емоційного брендингу. Набагато простіше впливати на емоції, якщо ви точно знаєте, якої емоційної лінії потрібно торкнутися. Для цього уявіть, що ви продаєте не тільки товар, а й емоції.

У більшості випадків ваші покупці належатимуть хоча б до одного з таких типів покупців.

Бідний. Ні, це не означає, що вони обмежені в коштах. Це означає, що такий клієнт дійсно потребує вашого продукту. Слів "я тільки думаю про це" або "я куплю його через рік чи два" недостатньо. Їм потрібна тверда впевненість і саме це має задавати тон вашим діям. Будьте конкретними і ясними та покажіть, що ви готові вирішити проблему. Звичайно, все це не привід бути надмірно нав'язливим.

Консерватор. Навряд чи сприйнятливий до новаторських ідей. Як правило, цей тип клієнтів платитиме за те, що їм уже знайоме або, принаймні, схоже на знайомий бренд. Для цього типу клієнтів достатньо запропонувати стандартний продукт за помірною ціною. Щоб виділитися, зробіть акцент на надійності та практичності й додайте елемент ностальгії. Такі речі, як "дитячі спогади", призначені для консерваторів.

Гідна, успішна та заможна людина обирає товари та послуги з урахуванням їхнього статусу. Вона навіть готова заплатити вищу ціну за відповідну якість і можливість проявити свій статус. Будь-яка ціна може привабити такого покупця, якщо вона відображає правильну цінність. Іншими словами, все має бути ідеально.

Хіпі. Вони не люблять взагалі жодних рекомендацій і з явним презирством ставляться до товарів масового виробництва.

Як правило, це молоді люди, для яких власні почуття важливіші за чужу думку. Так, вони можуть купити мотоцикл для свободи, але іноді достатньо і скейтборду. Проте передбачити їхні імпульсивні покупки нескладно. Ваші товари та послуги повинні підкреслювати їхню індивідуальність.

Шукачі задоволень. Тільки отримання "задоволення", він цінує його понад усе. Обмеження викликають у нього значний дискомфорт, він не має наміру собі відмовляти. Крім того, такий покупець не торгуватиметься, якщо річ йому справді подобається. Шукач задоволень вважає, що ідеальне життя - це низка свят. Тому подаруйте йому правильні емоції. Усе має бути легко і весело.

Імітатор. У нього немає власних бажань і точки зору. Ця людина просто наслідує те, що бачить на екрані телевізора або в рекламі. Вона бере приклад з різних авторитетів, гарно одягається, сидить на дієтах і худне, купує гаджети та витрачає гроші. Є два способи перемогти наслідувача: перший - стежити за новинками і швидко реагувати на ті з них, які актуальні для вашої ніші. Другий - використовувати свою особистість для демонстрації авторитету. Тому що він любить слухати, що говорять інші.

Новачок. Цей тип клієнтів рідко орієнтується на товари та послуги високого класу, тому що вони молоді та мають мало економічних можливостей. Однак вони також люблять виділятися і покладаються на новизну своїх ідей.

Для них важливо бути одними з перших, навіть якщо пізніше вони зрозуміють, що покупка не така вже й необхідна. Новачки дуже допоможуть вам на перших порах. Якщо ви створите атмосферу ексклюзивності та новизни, товару майбутнього.

Емоції дають змогу запропонувати максимальну додану вартість за мінімальних витрат. Усе має стати брендом. Ваш продукт, ваша компанія і ви самі. Вийдіть за рамки формули "вартість + націнка", щоб запропонувати більше своїм клієнтам і отримати більше натомість. Тисячі брендів і мільйони шанувальників доводять це.

Розділ. 5 Найбільші перешкоди в продажах.

Коли ви думаєте про продавця, що спадає на думку. Хто такий торговець? Це спекулянти, хитрі люди, які бачать тільки гроші. Усе, чого вони хочуть, - це продати вам товар. Вони просто хочуть отримати ваші гроші. Мої батьки казали мені таке. Якщо ти не будеш вчитися, у тебе не буде майбутнього. Дитина прийшла додому зі школи. І каже, що в мене було таке заняття, де всіх запитували ким вони хочуть стати. "Дехто казав, що хоче стати лікарем, інженером. Я вирішив стати продавцем."

"Як ти до цього прийшов? Я вчу тебе, виховую, годую, а ти. Це жахливо. Бог карає мене." Чому це відбувається?

Чому коли ви намагаєтеся продати щось комусь, ваші долоні починають пітніти, а серце вискакує з грудей. Тому що з самого дитинства вас вчили, що найнебезпечніші люди - це незнайомці. Чому ви не можете з ними говорити? Тому що вас переконували, що говорити з кимось телефоном страшно, але він же нічого вам не зробить. Але чомусь ви боїтеся говорити своє ім'я, показати своє обличчя. Ніби за тобою обов'язково поженуться і пограбують, а то й уб'ють. Я не хочу спілкуватися з жахливими людьми. Я не хочу мати справу з усім цим.

Це фобія. І як ви думаєте з цим боротися? Давайте подивимося, звідки беруться продажі.

Коли ви розмовляєте з людьми, яких ніколи раніше не зустрічали. Люди, яких ви знаєте, ніколи нічого у вас не куплять. Іншими словами, ваш прибуток прямо пропорційний кількості незнайомців, з якими ви спілкуєтеся. Щоб не вдарити обличчям у бруд підсвідомість заборонено робити єдину річ у світі яка може принести вам гроші. Чи не здається вам, що це спекулянти - злодії. Підприємці - найгірші. Ми приходимо в магазини, а там занадто високі ціни. Усе має продаватися за собівартістю. Їх треба змусити працювати безкоштовно.

Люди, які говорять подібні речі, - це бідні люди. Це означає, що програма, яка керує всім вашим життям, виходить із бідності. Тільки жебрак не усвідомлює цього.

Усі гроші, які вам приносять, належать комусь іншому. Ви не знаєте цієї людини. Щоб отримати ці гроші, ви повинні поговорити з абсолютно незнайомою людиною. Ви контролюєте кожен аспект свого життя. Неважливо, як сильно ви намагаєтеся, не важливо, наскільки ви мотивовані. Як зрозуміти хто ви і які програми у вас вбудовані. Це які результати ви отримуєте.

Які плоди ростуть на дереві, таке в нього й коріння. Якщо на дереві яблука. Коріння цього дерева - теж яблука. Коріння апельсинового дерева, отже, ростуть апельсини, все правильно, логіка очевидна.

Той факт, що ви не заробляєте гроші - то це все у вашій підсвідомості. Ваша підсвідомість контролює все у вашому житті. Навіть те, як ви моргаєте, як ви дихаєте.

Підсвідомість контролює вас. Як ви проведете своє життя? У якому стані ви перебуватимете. Будете ви в розкоші чи бідні - контролюється вашою підсвідомістю. Тож якщо у вашій підсвідомості є коріння бідності, ви отримаєте той самий результат. Люди не змінюються. Тому якщо ви постійно відчуваєте стрес. Якщо вам постійно не вистачає грошей, то корінь цього походить від бідності

Усе, що вам потрібно зробити, це змінити свою підсвідомість. Наша робота полягає в тому, щоб змінити вашу підсвідомість. Ви можете пишатися тим, що ви робите. Якщо ви займаєтеся продажами, не бійтеся своїх клієнтів. Будьте впевнені в собі. І ви не спекулянт, і ви не шахрай. Ви робите людей щасливими, ви вирішуєте їхні проблеми. І вони з радістю платять вам. Тільки тоді ваш бізнес може стати успішним.

Продажі це одна з трьох складових вашого бізнесу.

Як працює бізнес.

Перше це - залучення клієнтів. Весь світ уже в Інтернеті. Так ви залучаєте клієнтів.
Друге, продавайте тільки те, що потрібно людям, і яким це потрібно. Третій крок у цьому процесі - це обслуговування клієнтів.
Іншими словами.

Усе починається із залучення людей, але, як не дивно, ви не зможете залучити людей, поки не навчитеся продавати. Ось чому більшість бізнесів зазнають невдачі.

Якщо ви хочете дізнатися, як вирішити цю проблему, розплутати її, виправити, вирівняти. Очистіть свою підсвідомість і ви перезапустите своє життя і бізнес. Більшість людей зазнали невдачі більш ніж в одному бізнесі. Чому так? Неважливо, яку техніку ви використовуєте, неважливо, який сценарій ви читаєте. Неважливо, який продукт ви виробляєте. Якщо ви ненавидите себе і те, що ви продаєте. Тому найімовірніше ви маєте вирішити, чи є проблема. Проаналізувати цю проблему. Якщо є бідність, то коріння - таке саме. Якщо ви зміните своє коріння, то зміниться бізнес і все життя.

Найбільші перешкоди в продажах. Є щось, що заважає вам стати успішним продавцем. Воно знаходиться всередині вас і активно руйнує вас. Результатом цього є саме саботаж, чому так відбувається. Ви маєте покопатися у своїй пам'яті та знайти події, які наклали відбиток на ваше ставлення до продажів. Стати новим собою нелегко.

Стереотипи, що заважають продавати.

Ви не самотні в тому, що минулий досвід формує ваше уявлення про продажі. Деяка інформація, що зберігається в пам'яті всіх людей, призвела до того, що мільйони продавців неправильно інтерпретували ситуації та слідували невдалим програмам. Ось три стереотипи, які давно пора зруйнувати.

Клієнт завжди правий.

Залишимо на деякий час осторонь офіціанта, який очікує щедрих чайових і чий бос змушує його підлещуватися навіть найнестерпнішим клієнтам. Звичайно, іноді такий підхід спрацьовує, але загалом це програна битва. Це стосується і вас, і, як не дивно, клієнта. Повірте, якщо ви працюватимете тільки на умовах замовника, ви ніколи не будете задоволені отриманими грошима. Нескінченні правки, несправедливі знижки, купа непотрібних зусиль - результат один і той самий. Чи так це необхідно? Чи не краще відпустити проблемних клієнтів і працювати з підходящими? Також небажано бути надто гнучким у стосунках із клієнтом. Зрештою, хто, як не ви, можете пояснити йому, що він має діяти згідно з вашими приписами, не вносячи жодної зміни до проєкту? В іншому разі вам доведеться доводити, що дешево - не означає добре, і що вибирати варто дорогі продукти. Без поради експерта покупець зробить неправильний вибір. Незважаючи на ваше прагнення догодити йому, він буде звинувачувати вас.

Покупець завжди нічого не розуміє в моєму продукті. Цей стереотип сильно відрізняється від попереднього. Насправді, цей стереотип може змусити покупців дивитися на вас крізь пальці. Ті, кому подобається потурати своєму его, можуть віддати перевагу такому варіанту.

Однак з економічного погляду такий підхід скрутний. На це є кілька причин. По-перше, як би люди не намагалися приховати таке ставлення, воно іноді виривається назовні. Досить сказати щось із роздратуванням або повчальному тоні, і клієнт усе зрозуміє і вирішить більше не мати з вами справи. Навіть якщо ваш співрозмовник не найрозумніша людина на планеті, він не стане вас слухати. По-друге, ви ризикуєте поставити себе в дурну ситуацію. Можливо, ви чули історію про продавця мікрохвильовки, який познайомив чоловіка в похилому віці з вентилятором і намагався пояснити йому принцип роботи. Бідний продавець не зрозумів, що його клієнт - радіофізик, і в підсумку показав себе як ідіот. Я навіть не буду намагатися пояснити, наскільки кричуще ви обманюєте. Проте ви продовжуєте брехати і відчайдушно намагаєтеся спрямувати своїх клієнтів у потрібне вам русло. Однак наступний дурень може виявитися не таким простим. Найгірше те, що ця людина зробить це надбанням громадськості.

Лояльні клієнти - запорука стабільності. В ідеальному світі ситуація виглядає саме таким чином. Клієнти бачать вашу рекламу, задоволені якістю вашої продукції та рівнем обслуговування і регулярно роблять замовлення протягом багатьох років, що забезпечує стабільний прибуток. Зрештою, так працювати простіше і менш напружено. Однак не всі постійні клієнти однаково корисні.

Аналіз показує, що дуже багато хто приносить дуже маленьке і вузьке замовлення. Якщо до вас прийшов новий клієнт із таким замовленням, ви б, напевно, не взялися за нього, але ви беретеся, бо незручно відмовляти "старичкам". Іноді навіть самі втрачаєте гроші. Крім того, в якомусь сенсі постійне коло клієнтів утримує вас на одному місці. Ви стаєте вдячні їм за цю "стабільність" і не намагаєтеся освоювати нові території. Зрештою, так зручніше і простіше працювати. З іншого боку, клієнти, які готові платити більше і отримувати більше задоволення від роботи з вами, платитимуть іншим. У підсумку ви обмежуєте можливості собі. Звісно, це не привід применшувати значення основного партнера. Важливо, щоб цінність цієї переваги не заважала вам бачити нових потенційних клієнтів.

Клієнти бувають різних форм і розмірів, і завдання майстра продажів знайти правильну стратегію для кожного клієнта з усього різноманіття доступних інструментів. Однак заміна інструментів шаблонами або скорочення їхньої кількості може призвести до припинення роботи. Якщо найближчим часом майстер продажів не зламає цей стереотип, йому доведеться розлучитися і зі своєю роботою.

Способи використовувати зворотну психологію в продажах.
Давайте поговоримо про те, як правильно робити холодні дзвінки.

Тому що в наше століття інтернету звідти заявки вже надходять. Але все ж, якщо ви зіткнетеся з компанією, яка не знає, і навіть не уявляє, як це робиться. Не знають, що існує маркетинг, який займається залученням клієнтів, і ви змушені здійснювати холодні дзвінки. Давайте подумаємо, як зробити це краще, цікавіше і прибутковіше.

Отже, є така техніка. Коли вам телефонують з компанії, яка намагається вам щось продати, як ви це розпізнаєте? Холодний дзвінок - це коли людина говорить швидко і намагається розповісти вам усе за лічені секунди, поки ви не повісили слухавку. Але в реальному житті все навпаки. Якщо ви зміните свою тактику. "Ви мені дзвонили і просили передзвонити, і я роблю це. Хотіли мені щось запропонувати?" Тоді це звучить зовсім по-іншому, розриває шаблон.

Припустимо, бере слухавку помічник. Ви кажете, що вам телефонував його начальник. "Чому, він хотів мені щось запропонувати? Мені про це повідомив секретар і записку з цим номером залишив. Я хочу знати чому?"

Як ви думаєте, де шансів більше що з ними зв'яжуться? Де більше шансів зачепити людину і посіяти в ній інтерес. Ви можете використовувати цю техніку.

Хіба не вигідніше завжди розмовляти з людьми, які приходять на ваш сайт? Вони дізналися, що ви продаєте, відповіли на кілька запитань, вже вибрали ваш товар і чекають вашого дзвінка.

Я хотів би нагадати вам ще раз, найважливіша річ у бізнесі - це залучення клієнтів. Якщо власник цього бізнесу халатно ставиться до своєї справи, чому ви маєте продавати в його компанії? Найімовірніше, цей бізнес побудований на помилках. Це означає, що людина вигадала нісенітницю, яка нікому не потрібна, і змушує людей без досвіду продажів, дзвонити, і заходити в будинки, продавати людям те, чого вони не потребують.

Але якщо люди шукають цей товар. Від цього залежить майбутнє його сім'ї, вирішення давніх проблем, як ви думаєте, чи легко це продати? Я маю на увазі, якщо ви продаєте щось корисне і не нав'язуєте це людям. Тому перше, що ви маєте зробити спочатку, маєте знайти продукт, який вирішує серйозну проблему людини. І що серйозніша проблема, яку розв'яже продукт, товар чи послуга, то легше його продати, то більше заявок. Нерозумно продавати те, про що люди не знають, те, що їм не потрібно. Перестаньте продавати те, що нікому не потрібно. Наберіться досвіду. А потім ідіть і продавайте те, що потрібно людині.

Найкращі сценарії для холодних дзвінків. Використання методів зворотної психології може позбавити вас стресу під час першого дзвінка і змусити потенційного клієнта відкритися для вашої пропозиції.

Зараз ви дізнаєтеся краще, як правильно грати у "зворотну гру". Це змусить клієнта виправдовуватися за ваш дзвінок. Спробуйте цей метод! Крім того, використовуйте цифровий маркетинг, і ви зможете назавжди забути про холодні дзвінки.

Способи використовувати зворотну психологію в продажах.

У підручниках з маркетингу йдеться про те, що "зворотні" продажі вперше було відкрито Девідом Сендлером 1967 року. Це просто смішно! Том Сойєр став піонером цього підходу. Щоб не фарбувати паркан у білий колір, він переконав своїх колег, що кращого заняття не існує. Колеги повірили йому і навіть платили невеликими предметами за можливість пофарбувати. Том Сойєр - безумовно майстер продажів.

Ви дізналися, як вигадувати приводи для дзвінків, щоб змусити своїх клієнтів виправдовуватися. Звісно, це не єдиний спосіб використовувати зворотну психологію в продажах. Є і ще супер ефективні способи. "Оцініть будь ласка цю пропозицію за шкалою від одного до десяти?" Запитайте це, коли ви вже достатньо розповіли клієнту, а він все ще сумнівається. І ви часто отримаєте 6 або 7 балів. Ви будете щиро здивовані: "Я не думав, що зможу отримати більше 4. А отримав цілих 7?". Сказавши ці слова, клієнт, який просто чекав закінчення діалогу, почне перераховувати переваги вашої пропозиції. І після того, коли ви просто дасте йому виговоритися, він подумки додасть кілька пунктів до своєї первісної оцінки.

Іноді цього буває достатньо, щоб змусити його купити. Але ви можете зробити ще один крок уперед. Ви можете почати сумніватися в перевагах, які він перераховує: "Крім того, швидка доставка. Якщо я погоджуся, то ви обіцяли, що я отримаю її післязавтра." "Що в цьому такого? Будь-яка компанія може доставити вам товар того ж дня." "Ні, знаєте що? Нещодавно я замовив інший товар, і доставка виявилася просто жахливою. Мені обіцяли, що його доставлять за день, а замість цього тиждень годували сніданками." "Це огидно. Ні, у нас тут немає такої грубої поведінки."

Ще один спосіб - "Не думаю, що ви можете собі це дозволити". Хоча б раз у житті, кожен був жертвою цього прийому. Однак, оскільки він так глибоко вкоренився в психіці людей, він майже ніколи не дає збоїв. Припустімо, ви обираєте діловий костюм, і продавець-консультант кружляє навколо вас: "Подивіться на цей. Або цей думаю вам підійде. Цей відкладемо вбік він занадто дорогий……". "Що значить дорогий? Скільки? 1000 \$. Хіба я не схожий на людину, яка може дозволити собі костюми за 1000 доларів?" "Вибачте, я не хочу здатися грубим, але я подумав, що ви захочете купити що-небудь подешевше." "Дайте подивитися. Зараз я його одягну." Велика частина ефективності цієї техніки не має нічого спільного з товаром. Будь то кросівки, вечеря в ресторані або багатомільйонний замок.

Цей прийом можна поєднувати з порушенням правил. Клієнт думає щоб продавець ніколи не говорив, що його товар має занадто високу ціну. Він має наполягати на тому, що цінність набагато вища за ціну. "Скільки? 500 $. Перший прийом за 500 $?" "Так, саме так. Для вас це великі гроші, чи не так? Ви справді можете собі це дозволити?" "Справа не в грошах! Якщо, як ви кажете, це дійсно працює."

Дуже дієвий метод. "Чи можете ви самі прийняти це рішення?" Клієнти люблять слухати поради, особливо коли йдеться про великі угоди. Вони просто не хочуть приймати поспішне рішення, і не можу сказати про це прямо. І бажання обговорити з кимось цю пропозицію - хороша причина для відстрочки. У вас є можливість забрати цей козир на початку бесіди. "Перш ніж я почну, я хотів би прояснити кілька моментів." "Так, я слухаю." "Чи маєте ви право ухвалювати рішення, чи вам потрібно порадитися з кимось іще? Не зрозумійте мене неправильно, ця пропозиція обмежена. Ми не можемо дозволити собі чекати. Якщо вам потрібна порада, це чудово. Може наша пропозиція не для вас". "Звичайно, я сам приймаю рішення! Насправді, я єдиний бос у компанії. Показуйте все."

Не тільки в юному віці ми діємо на інстинктах? Розпещена дитина живе в кожному в будь-якому віці. Це риса характеру, через бажання бути незалежним. Ми не любимо робити те, що нам кажуть, не любимо, коли нас засуджують інші.

Не любимо піддаватися на вмовляння продавців. Майстер продажів розуміє це, і часто користується зворотною психологією.
Не впроваджуйте ці прийоми у свою роботу! Це тільки для справжніх професіоналів.

Розділ. 6 Найпоширеніша помилка продавців.

Продавці багато говорять про величезні можливості, показують цифри і погрожують термінами. Але це не працюватиме, якщо в голові всяке сміття. Люди, які шукають халяви або бояться грошей, на своєму шляху зустрічають невдах. Зрештою, люди продають саме так, як самі купують. Ось як насправді працює "Закон тяжіння", про який ви читаєте в розумних книжках.

Психологічні ознаки бідності.

Якщо ви читаєте цю книжку, значить, вона має до вас стосунок. Якщо ні, то, найімовірніше, ви зараз відпочиваєте на яхті й думаєте, куди інвестувати вільні гроші. Настав час визнати, наскільки все погано. Адже перший крок до одужання - це визнання серйозності проблеми. Ось деякі з них:
Звинувачувати інших у проблемах свого життя. Як правило, з повною підставою. Ніхто ніколи не вчив вашого батька чи матір бути батьками, яких потрібно наслідувати. Багато людей просто виросли в одностатевих сім'ях. Майже кожна людина пережила душевний біль. Усім без винятку доводилося мати справу з тираном начальниками, родичами, які погано впливали на вас, знайомими і товаришами по службі. Так, нічого безслідно не зникає.

Але тільки від вас залежить, чи будуть ці шрами руйнувати ваше майбутнє. А тепер уявіть винуватця вашого болю і ткніть у нього пальцем: "Це ти в усьому винен".
Тільки один палець вказує на нього, а три пальці вказують на вас. Ви тримаєтеся за свою зону комфорту. Навіть якщо там некомфортно.
 Погодилися працювати за копійки в обмін на гарантію того, що ви робитимете це до самої смерті. "Принаймні, там є стабільність". - Ви говорите собі, бо боїтеся, що стане гірше, і вдаєте, але насправді ви боїтеся змін, невизначеності та реальності. Ви знаєте, де знаходиться стабільність. Це морг і кладовище. Поки ви туди не потрапили, радійте невідомості. Не відмовляйтеся від своїх амбіцій.
 Ви знаєте все. Як полагодити водопровід, як виховати дитину, як відкрити бізнес, як інвестувати і про сенс життя. Онлайн-курс це відносно чесний спосіб виманити у людей гроші. Бізнес-книги. Нічого не коштують. Наставники. Чого вони можуть навчити вас того, чого ви самі не знаєте? Але ось у чому річ: "Ви не знаєте". Про "Знавців" не пишуть огляди в Forbes, вони працюють у таксі. Такий розумний, то чому такий бідний? Запитайте себе.
 Страх невдачі. "А що, якщо це не спрацює?". - щоразу спадає вам на думку і ви бездіяльність. Все дуже просто. Якщо ви боїтеся, що вас вважатимуть дурним і некомпетентним, ви так і залишитеся дурним і некомпетентним. Дурні люди вчаться тільки на своїх помилках.

Розумні люди приходять до вчителів. Але і тим, і іншим судилося робити помилки. Успіху досягають тільки ті, хто виходить із невдач, не втрачаючи ентузіазму.

Ненавидите тих, хто домігся успіху. Ви не сумніваєтеся, що молодий чоловік за кермом шикарної машини - син мера, жінка - легкої поведінки, мільярдери - замішані в корупції на державних замовленнях, а ті, кому нема чого пред'явити, напевно, дуже погані люди. Як можна розбагатіти, якщо не вірити в те, що шлях до великого багатства неминуче пов'язаний із криміналом, зв'язками і моральним брудом. Покладайтеся на достовірну інформацію. Це справедливо не тільки для тих, хто робить поспішні висновки про інших, а й у світі бізнесу. Залиште обговорення бабусям за дверима.

Покладайтеся на думку інших людей. Спирайтеся на думку родичів, друзів, колег і знайомих. Що більше буде людей, чия думка для вас важлива, то складніше вам буде вибратися зі своєї колії. Злісних коментарів і "дизлайків" від незнайомців достатньо, щоб збентежити вас. Якщо ви не можете просунутися кар'єрними сходами без цих знаків схвалення, то у мене для вас погані новини. "Що подумають люди?" говорите ви. Заспокойся. Людям все одно. І на вас, і один одному. У них свої турботи.

Виправдовуєте себе. Ви давно мали стати успішним, але у вас не було часу. Ви давно мали розпочати свій бізнес, але вам складно розібратися в тонкощах законодавства. Ви хочете створити сайт, але ви не програміст.

Я вірю в те, що накопичення виправдань веде до бідності, - це незаперечний факт. Замість того щоб вигадувати десятки виправдань, знайдіть хоча б одну можливість. Потім почніть діяти, навіть якщо це складно і потребує багато часу.

Ближній на першому місці. Ви вважаєте негожим витрачати зароблені важкою працею гроші на себе. Спочатку ви повинні забезпечити свою сім'ю і друзів. Потім, коли настане момент, коли всі будуть щасливі (що малоймовірно, тому що це тільки збільшить потребу), ви почнете жертвувати на притулки. Це і є той самий "борг", який руйнує ваше життя. Ви завжди відчуваєте себе в боргу перед батьками, дітьми, родичами та країною. А власні бажання завжди залишаються позаду. Подбайте про себе. Елвіс Преслі купив кілька рожевих "Кадилаків" і тільки після цього подарував один своїй матері. Воррен Баффет став найбільшим філантропом сучасності після того, як увійшов до числа найбагатших людей світу.

Смирення. Ми вважаємо її чеснотою. Тим часом ви вважаєте за краще триматися в тіні, утримуватися від похвал самого себе і применшувати свої достоїнства. У цьому разі ваші шанси на успіх дуже малі. У вас немає місця для смирення. Така розкіш є тільки в успішних багатіїв. А для бідних напористість - це не другорядне щастя, а перше і єдине.

Добре зроблю тільки я. Поділ обов'язків може зруйнувати фірму.

Особливо на ранніх етапах, коли у вас немає ні грошей, щоб найняти справжнього професіонала, ні досвіду, щоб виростити молодого недотепу. Якщо хочете зробити все правильно, робіть самі. Цей принцип може допомогти на перших порах, але з часом вам доведеться від нього відмовитися. Інакше бізнес почне стагнувати. Самотніх мільйонерів не буває. За кожною великою компанією стоїть велика команда. Ви не зможете створити таку команду, якщо не вмієте делегувати повноваження.

Чи стосується вас хоч один із цих пунктів? Якщо від одного до трьох, то вітаю, шанси вирватися зі злиднів у вас є. Якщо цих пунктів від чотирьох до шести, то вам потрібна професійна допомога. Якщо більше, то вам потрібно повністю перебудувати свою підсвідомість.

Використовуємо біль для продажів.

Зараз поговоримо про техніки закриття угод, які не передбачають повернення на інвестиції. Дуже важливо розуміти, що існує повернення на інвестиції. Якщо ви вкладете стільки-то, то отримаєте стільки-то. Також є техніка, яка показує скільки вони втратять, якщо не придбають певний товар. Але якщо ви говорите людям інвестуйте в навчання з продажу. Ви зможете подвоїти свої продажі і заробити багато грошей. Це просто майбутнє, яке люди не відчувають. У цьому немає жодних гарантій. Але це називається втраченими можливостями.

Це факт, і він уже відбувається, його не потрібно довести.

Уявіть наступну ситуацію, ви починаєте з болю, який уже є, і таким чином укладайте угоду, розповідаючи, як повернуться ці інвестиції. Ви навчитеся продавати вдвічі більше і подвоюєте свій прибуток. А ви хочете, заробляти більше грошей. Тому що вам потрібно купити будинок за кілька мільйонів доларів. Це було на вашій дошці бажань протягом довгого часу. Єдина причина, з якої ви починаєте бізнес, - це заробляти гроші й отримати прибуток. І у вас є шанс розбагатіти. Хіба це не правильне рішення? Ви робите все, що у ваших силах, щоб ваш бізнес продовжував розвиватися. Ось чому ми робимо те, що робимо. Саме тому ми перезавантажуємо підсвідомість кожного з нас. Ви будете здоровими людьми, які хочуть багатства, процвітання. Покращите своє життя і життя своєї родини.

Продавці в основному говорять про можливості. Усе починається з повернення на інвестиції. Іншими словами, якщо потенційний покупець придбає продукт або послугу зараз, скільки прибутку він отримає в майбутньому. Підрахуйте, у скільки вам уже обходяться проблеми з продажами.

Спробуйте відповісти на такі запитання: Опишіть клієнтів, яких має зацікавити ваш продукт. Перерахуйте як мінімум три способи розповісти їм про те, який дохід вони втрачають, відмовляючись від співпраці з вами.

Перегляньте співробітників відділу продажів. Скільки з них отримують задоволення від своєї роботи і чи не втрачають вони можливості розвивати свої навички?

Розділ. 7. Ми самі встановлюємо правила бесіди з клієнтом.

Давайте поговоримо про правила спілкування з клієнтами. Багато продавців не встановлюють жодних правил, перш ніж почати спілкуватися з клієнтами. Якщо ви цього не зробите, то отримаєте багато необґрунтованих відповідей і заперечень. Якщо ви хочете уникнути таких контраргументів, почніть розмову з порядку денного: Перед тим, як перейти до презентації товару, ви говорите співрозмовнику: "Послухай, друже мій. Наприкінці нашого спілкування я поставлю вам одне запитання. І ви можете дати мені тільки дві відповіді. "Так, ось це те, що мені потрібно. Або Ні, мені це не підходить. Негативною відповіддю ви мене не образите. Наше завдання - з'ясувати, чи підходять вам мої послуги, товар."

І що відбувається в цей момент: Від самого початку ви вже домовилися, що ніхто не хоче завдавати нікому болю. І він може розслабитися і послухати, що ви скажете про свій продукт у процесі продажу. Ви спокійно поставите всі свої запитання. Перед цим ви теж можете в нього запитати: "Можна перед тим як перейдемо до товару, я поставлю вам кілька запитань, щоб краще зрозуміти, чи відповідає мій товар вашим потребам. Якщо у вас виникнуть запитання, поставте їх мені. Я відповім на них. А після нашої розмови ви відповісте мені "так" або "ні".""

Після такого порядку денного розмови, укладення угоди буде невимушеним і принесе задоволення обом сторонам.

Від самого початку встановити правила гри, дати зрозуміти співрозмовнику, що ви готові до відмови, - один із найпотужніших прийомів майстра продажів. Таким чином, напруга зникає, а бесіда стає більш змістовною. Якщо ви готові прийняти відмову, кількість відмов значно скоротиться.

Усі майбутні клієнти схожі на молоденьких дівчат. У відповіді "ні", найімовірніше, може ховатися "так, але пізніше" або "переконайте мене". Однак "ні" може бути остаточною відповіддю. Майстерність продавця полягає в тому, щоб відсіювати типи відмов, а не витрачати час на спілкування з людьми, які не куплять ніколи. Для цього потрібно знати чому вони не куплять, навіть якщо ви все зробили правильно. Або майже все правильно.

Відсутність попиту. Ви не можете продати пісок у пустелі. У людей може не бути потреби у вашому продукті і ваші переваги їх ніяк не зачіпають. Вони не є ні раціональними, ні емоційними. Ці люди не є цільовими клієнтами. Але проблема криється в зовсім іншому. Це може бути не підходяще місце або час. Припустимо, ви поспішаєте на літак. У вас зайняті руки, вас підтискає час, і, що ще важливіше, ви не знаєте, куди піти. До вас підскакує веселий хлопець і каже: "Ви любите піцу, правда?" Він пропонує знижку.

За іншої ситуації ви, можливо, зацікавилися його пропозицією. Але зараз вас не цікавить піца. У кращому разі ви відмовитеся і навіть не зупинитеся. Якщо у вас поганий настрій, ви навіть можете стати грубим. Яка тут проблема? Ви любите італійську кухню і часто замовляєте їжу на винос. Але продавець не враховує ситуацію. У нашій голові завжди висить думка, що "потрібно б зайнятися цим, але це не терміново"? Просто люди влаштовані саме так. Ба більше, ми несвідомо сприймаємо поспішні рішення як легковажні. Іншими словами, людська природа сама по собі заперечує продавцю. "Передзвоню вам пізніше"- не завжди спосіб сказати "ні". Можливо, цей клієнт має намір ретельно обміркувати почуте, обговорив це зі своєю дружиною і хоче укласти угоду. Однак неприємності на роботі, витівки дітей і батьки, які захворіли, відволікли його думки. І розмова почала стиратися з пам'яті. Більшість товарів і послуг не мають об'єктивної терміновості. Але ви можете створити терміновість, обмеживши час або кількість. "Зателефонуйте нам зараз, і ми зробимо вам знижку." - Не дарма теле маркетологи так часто використовують цей підхід, використовуйте його.

Бажання не виникає. Чи робите ви всі свої покупки через необхідність? Ми вже давно керуємося не функціональністю продукту, а його загальним сприйняттям людьми, які його використовують. Це і є брендинг. Сьогодні люди купують не просто товар або послугу, вони купують "кращого себе".

І цим має користуватися майстер продажів. Професіонал повинен не тільки бити по болях і підкреслювати вирішення проблем, а й створювати позитивну емоцію. "Я хотів не просто купити яхту, а придбати квиток до клубу найуспішніших людей світу". Клієнт може сказати "ні", бо не розуміє, як ваш продукт може допомогти йому наблизитися до кращого себе. Тож давайте пояснимо це йому.

У мене недостатньо грошей. Якщо в діалозі з вами вони чітко говорять: "Я не можу собі цього дозволити", чому б не зробити для них усе можливе? Замість того щоб дати їм знижку, запропонуйте заплатити їм у розстрочку. Однак коли ви чуєте слова: "Це занадто дорого для мене", річ часто не в грошах. В очах клієнта ціна нижча за цінність. Ваше завдання, щоб він змінив думку. Не можна відмовитися від пропозиції майстра продажів, тому що наші клієнти були переконані, що цінність набагато вища за ціну. Вони навряд чи відмовляться від такої можливості. Якщо ви зробите пропозицію, керуючись цим принципом, ви з меншою ймовірністю зіткнетеся із запереченням "У мене зараз немає таких грошей".

Вам не довіряють. Люди насторожено ставляться до всіх, хто намагається їм щось продати. Особливо якщо продавець говорить завченими фразами і дурними словами. "Вітаю вас. Погода сонячна. Ви знаєте, як зберегти сонячну погоду у своєму житті?

Вкладіть усі свої гроші в наш банк, звичайно ж. І ви отримаєте 15% річних. І врятуєте їх від інфляції". Людина, яка чує такі слова, у своїй уяві малює картинки з ідіотом на тому кінці дроту. І це правильно. Зробіть усе можливе, щоб переконати своїх співрозмовників, що компанія, на яку ви працюєте, дійсно заслуговує на довіру. Демонструйте, приклади з практики та рекомендації, але найголовніше - впевненість, спокій, уміння ставити правильні запитання в потрібний час і вміння слухати.

Іноді клієнти не довіряють собі. Наприклад, якщо їм
пропонують дієту, яка працює, вони можуть сказати: "Якщо це не чарівна таблетка, мені доведеться бігати вранці. Я як завжди не впораюся і все завалю." "Вам потрібно буде тільки дотримуватися інструкції та виконувати рекомендації щодо продуктів". Зробіть свою пропозицію досконалішою. Зведіть до мінімуму причини і можливості, через які потенційні клієнти можуть вам відмовити. Якщо ви зробите це, ваш коефіцієнт конверсії значно зросте. Це гарантовано.

Не варто вмовляти клієнта.
Найголовніша ваша перевага перед клієнтом - це інформація. Це найважливіше і найпотужніше. Чому клієнти приходять до вас. Він хоче вирішити свою проблему. Вам потрібно знати насамперед, яка в нього проблема. Чи потрібно проводити презентацію, розповідати історію, показувати демонстрацію.

Припустимо, існує шкала від 0 до 10, де 5 - середина. І саме ви вирішуєте, куди рухатися. Якщо ви в середині розмови чуєте: "Не знаю, потім може бути". Вам не варто витрачати час на цю людину. У такому разі застосуйте зворотну психологію. Іншими словами, ви говорите йому "Я не думаю, що він вам підходить," і змусьте клієнта довести, що він цього дійсно потребує. У менталітет людини закладений азарт гравця і ви повинні брати це до уваги. Ви маєте знову оцінити, на якій стадії перебуває бажання вашого клієнта. І тільки коли він наближається до 8-10, ви можете розповідати про продукт. Як він вирішує проблему, як він може допомогти в конкретних справах.

Ваше завдання - змусити людину продати її самій собі. Якщо болю недостатньо, ніхто не буде нікому нічого платити. Людина платить за те, щоб вирішити проблему болю.

Більшість людей тікають від болю. Вони нічого не роблять, нічого не купують. Тож якщо ви дійсно хочете щось продати, вам потрібен продукт, який вирішить цю проблему. Перше, що ви маєте зробити, це привести людину до страждання. Вона довгий час обманювала себе, її життя руйнувалося. Вона живе в бідності, а її бізнес зазнає краху. Її друзі не спілкуються з нею, і вона постійно перебуває в депресії. Усе це потрібно викрити і показати, де він перебуває. Багато людей так живуть. І вважають, що все гаразд. Чому?

Тому що йому зі сцени сказали: "Ви можете зробити все, що захочете, і у вас є шанс, незалежно від того, скільки вам років." Ваше завдання - звільнити від страху цю людину, яка довгий час перебувала в ньому. Саме тоді ви зможете здійснити продаж.

Саме тоді ви станете успішним продавцем, і люди вимагатимуть, щоб ви взяли в них гроші. Саме тоді ви зможете укласти угоду.

Щоб укласти угоду, вам не потрібно використовувати хитромудрі хитрощі. Ви не продасте нікому і нічого, якщо у людини немає болю і потреби у вашому продукті. Їм не потрібно купувати те, що у вас є. На жаль, це правда, але й на щастя. Люди мають купувати тільки те, що справді корисне, справді ефективне і призводить до бажаного результату.

Вчасно зупинити розмову. Ознаки того, що ваш клієнт готовий до покупки. Багато ділових зустрічей провалюються через те, що продавці багато говорять і не вміють слухати. І вони продовжують переконувати клієнта, навіть коли той уже готовий заплатити. У результаті покупець втомлюється від інформації і вирішує повернутися до цього пізніше. Усе просто. Ми всі любимо купувати, але не виносимо коли нам "впихають". Ось чому так важливо правильно вибрати час, щоб зупинитися.

Ознаки того, що час замовкнути.
Клієнт дрімає.

Відеодзвінки завжди перевершують голосові, у вас більше можливостей для самовираження, а у співрозмовника менше шансів схитрувати. Якщо він киває, слухаючи вас, цього достатньо. Внутрішньо він прийняв вашу пропозицію, і залишилося тільки завершити формальності. "Давайте перейдемо до підписання угоди?" У більшості випадків клієнт відповість ствердно. Якщо ж ні, то сам спрямуйте розмову в потрібне русло. Запитання клієнта мають усунути всі незрозумілі моменти, що залишилися.

Клієнт розглядає продукт ретельніше. Спілкування віч-на-віч відкриває більше можливостей. Якщо ви продаєте щось матеріальне, а не послугу, а клієнт не хоче від нього відірватися, це ще одна ознака того, що він готовий. Сам того не усвідомлюючи, клієнт уже володіє цим, у своїх думках. Якщо клієнт торкається продукту, який ви йому щойно показали, це ще нічого не означає. Але якщо через деякий час він знову бере його в руки, значить, він уже все вирішив.

І час отримувати гроші.

Покупець дістає свій гаманець. Дотик до гаманця нічого не говорить про його вміст, і готівка швидко виходить з ужитку. Однак звичка сильніша за раціональні доводи. Коли покупці намагаються зробити покупку, вони неусвідомлено торкаються кишень, гаманців або дістають мобільні телефони. Навіть якщо йдеться про велику суму, яку ніхто не став би носити з собою.

Покупці ставлять уточнювальні запитання. "Скільки тут кінських сил? " - це питання з першого рівня. Це не означає, що клієнт готовий купити. Він може бути зацікавлений, і просто запитати. "Як скоро ви зможете оформити папери?". - Це вже інший рівень. Людина, яка ставить це запитання, вже вирішила, що хоче купити, і з'ясовує, чи не вплине це на її плани. Якщо вона запитує про терміни доставки, способи оплати і конкретне обладнання, це вірна ознака того, що цю угоду пора завершувати. "Скільки це все коштуватиме?" Це питання першого або другого рівня. Це залежить від ситуації. Якщо клієнт встиг дізнатися, як ваш продукт вирішить його проблему, перш ніж запитати про ціну, то він майже напевно готовий до покупки. Якщо це перше поставлене запитання, не варто поспішати з висновками.

Клієнт оцінює ризики. Люди, які запитують про якість, гарантії, повернення та технічну підтримку, вже прийняли рішення, вони просто хочуть переконатися, що роблять все правильно. Людям, які не збираються купувати, ця інформація не потрібна. Оцінка ризиків також є психологічним механізмом. Коли ви купуєте товари повсякденного попиту, ви можете запитати, чи свіжі вони. Ви ж не очікуєте, що продавець відповість: "Це не свіжі, це гниле". Ми хочемо, щоб він підтвердив наші наміри, а не правдиву відповідь. Тому що ви підсвідомо вважаєте, що угода, схвалена ззовні, менш ризикована. І неважливо, що у продавця очевидний конфлікт інтересів.

Покупець будує плани, у мріях, на ваш продукт. "Якщо ви почнете заробляти 20 000 доларів на місяць, то зможете виплатити за будинок всього за рік." "О я буду просто щасливий, коли проблему буде вирішено". "Милий, ця машина чудово пасує до моєї нової сукні, тобі не здається? "- Усі ці фрази явно вказують на те, що клієнт готовий до покупки. Його уява вже зробила всю роботу за вас. Залишилося тільки формальне схвалення.

Не допомагайте і не заважайте. Майстер продажів це робить. Він розуміє, чого клієнт хоче від продукту, ділиться інформацією і ставить правильні запитання. Клієнт повинен сам себе вмовити, що товар йому потрібен і просто необхідний. Спостерігаючи за поведінкою клієнта і слухаючи його, знає, коли настав час для завершення угоди. Не витрачаючи дорогоцінного часу один одного.

Розділ. 8. Великі гроші швидше.

Давайте поговоримо про найшвидший і найефективніший спосіб стати майстром продажів. Продавцем, який заробляє дуже більше грошей. Перш за все, давайте розберемо такі факти.

Певний відсоток підприємців, які продовжують займатися своєю справою, врешті-решт зароблять 1 мільйон доларів за все своє життя. Питання в тому, щоб максимально швидко дійсно заробити 1 мільйон доларів. Деякі люди можуть заробити його за рік, деякі за місяць, деякі за день. Але скільки часу ви готові витратити, щоб заробити 1 мільйон доларів.

Особливо це стосується підприємців. Вони звикли обманювати і жити на показ. Вони знімають офіс, залазять у борги, здають будинок у заставу. У них із самого початку були проблеми; їм потрібно було навчитися продавати.

Бізнес і заробляння грошей - це спорт. Він вимагає майстерності та досвіду. Неважливо, наскільки сильно ви вірите в успіх і мотивацію. Ви можете вірити, що можете зробити все. Але все одно вам потрібно буде знайти когось, хто навчить вас не робити помилок. Вам потрібно знайти когось на кшталт тренера. Насправді в бізнесі є підводні камені, про які вам ніхто не розповість. Але спершу вам потрібно визначити, хто ви, хто ви всередині себе і що всередині вас заважає вам рости?

Ваше завдання - отримати бажані гроші за короткий час, а не розтягувати їх отримання на роки. Ефективно і чітко. Після цього ви зможете відпочити. Або ви живете в офісі, або ви закриваєте офіс. Тож ваше завдання - зробити так, щоб ви жили на островах. Ваше завдання - з'ясувати, чого вам не вистачає, і навчитися цього. Щоб ви не продовжували битися головою об одну й ту саму стіну, коли можна відчинити двері і пройти?

Чи можна більше заробити в найкоротші терміни? Життя продавця сповнене безлічі труднощів і фінансових проблем. І як досягти великих цілей найкоротшим шляхом? Щоб швидше досягти своїх цілей, вам потрібно переключити свою свідомість на іншу хвилю. Для початку дайте собі правдиву відповідь на кілька запитань.

Що ви говорите на рахунок грошей? Напевно є люди, про яких ви піклуєтеся. Ви любите їх і хочете бути завжди поруч. Давайте уявимо, що ви щодня говорите їм такі слова. "Ви робите мене нещасним." "Ви для мене нічого не значите". "Без вас менше проблем". "Ви всього лише засіб для виживання"... Якби ви говорили це кожній жінці, яку зустрічали на своєму шляху, наскільки великою була б імовірність того, що в підсумку ви залишитеся на самоті? Все очевидно. Як ви можете стати багатим, якщо постійно повторюєте ці фрази, звертаючись до грошей? Так, паперові гроші не дорівнюють живій людині. Але це питання ставлення і поведінкової моделі. Усе просто.

Люди, які зневажають гроші, не можуть стати багатими.

Хотіли б ви отримати велику суму грошей за те, що нічого не робите? Припустимо, що на ваш рахунок щодоби лягає невелика сума в доларів. Можна витрачати їх
на все що завгодно, але неможливо зняти готівку. Наприкінці дня все, що залишилося, згорає. І немає жодної гарантії, що завтра ця безпрецедентна сума грошей знову буде доступна. Що б ви зробили в такій ситуації? Ви б точно витрачали все до кінця. Щодня ви б витрачали всі гроші. А можливо, я помиляюся? Ви знаєте, звідки беруться ці долари. Це ваші хвилини життя. І незалежно від того, використовуєте ви їх з розумом чи ні, вони згорають. Хто знає, чи буде у вас завтра. Чому щодня ви витрачаєте дорогоцінні хвилини, а не користуєтеся можливостями.

Навіщо вам багато грошей? Більшість людей відповість: "Я хочу бути багатим". Можливо, ви відповісте так само. Зазвичай люди застрягають на цьому питанні, бо не знають, як ставити цілі. Не маючи чітких цілей, ви не зможете скласти чіткий план дій. Що означає бути "багатим"? І "успіх". Ці красиві слова використовуються замість цілей, але вони не допомагають. Цілі мають бути конкретними. "Я хочу щомісяця заробляти 20 тисяч доларів". Але водночас цілі не повинні бути надмірно амбітними. Сидячи в маленькій дешевій квартирі намагатися потрапити до списку мільярдерів просто смішно. Це для справжніх знавців великих капіталів.

Нарешті, мета має бути ще й великою пристрастю. Саме це найпотужніший двигун успішних людей, крім холодного розрахунку. Зрештою, ви можемо не потрапити туди, куди хотіли потрапити зараз, але ви почуватиметеся реалізованими. Життя непередбачуване, і обставини часто змінюють наші цілі.

Припустмо, ви опинилися в іншій країні з двома сотнями доларів, ваші дії? Найімовірніше, ви б зняли копійчану халупу і влаштувалися на паршиву роботу. Зрештою, вам потрібно виживати. Однак, можна вкласти всі свої гроші в дорогий костюм і членство в елітному клубі. Так зробив один молодий емігрант. Через кілька років він став мільйонером. Можливо, ця історія трохи перебільшена, але вона ілюструє можливості та ставлення до самого себе. Зазвичай ваш дохід такий самий, як дохід вашого оточення з п'яти осіб. А межею бажань вашого сімейного доходу є сума в зарплатному чеку вашого начальника. Так, кажуть, що студенти, які не можуть перевершити своїх наставників, - погані учні. Але в реальності це вдається далеко не всім. Для заробітку хоча б удвічі вищого за свій теперішній дохід, ви маєте спершу вибратися зі свого злиденного середовища та знайти наставника, який змусить вас зрозуміти, що ця сума грошей є нікчемною. Поки ви думаєте як жебрак і виглядаєте як жебрак, ви ніколи не станете багатим.

Якщо ви уважно читали цю книжку, то ви багато чому навчилися. Але ця книга не допоможе вам, якщо ви не почнете діяти зараз.

Запишіть висновки, які ви для себе зробили, і дії, які ви зробите. Пам'ятайте, що мандри завжди починаються з першого кроку.

Поради щодо використання блокнотів у продажах.

Одна знаменита людина - він був справжнім багатієм.
Купив офіс у будівлі Трампа за два мільйони доларів. Цей бізнесмен зупинявся там у дуже рідкісних випадках, щоб подивитися на море з висоти п'ятдесятого поверху. Там іноді зупинялися актори і знамениті люди. Ці зустрічі завжди були дуже веселими і корисними. Найбільше дивувало те, що він записував усе, для нього важливе, у свій блокнот. Хочу показати вам цю техніку роботи з блокнотом. Чому важливо записувати те, що говорить співрозмовник? Тому що це змушує клієнта почуватися важливим. Ви той єдиний, хто сприймає все, що говорить ця людина, серйозно. Якщо ви продаєте телефоном із відеодзвінком, ваша робота не в тому, щоб друкувати. А в тому, щоб проводити ручкою по паперу.

Перш за все, можна запитати: "Можна я буду записувати? Це дуже важливо. Я маю повністю усвідомити вашу ситуацію. Щоб знайти найкращий вихід для вас." Наприклад. Запитайте, де б вона хотіла мати будинок? Що важливо для людини? Наявність торгового центру, вид на море тощо. Обов'язково запишіть усе це.

Щойно ви все напишете, просто запитайте людину: "Ґрунтуючись на тому, що я записав, ви хочете, щоб був так і так. Я все правильно розумію? Це те, що ви шукаєте?" Якщо ви підберете клієнту потрібний варіант, ґрунтуючись на записах, він буде щасливий. Навіть якщо він знає цю техніку. Все одно, йому буде приємно спілкуватися з людиною, яка записує і дуже цінує кожне слово свого клієнта. Ми всі хочемо, щоб нас слухали. Щоб нас розуміли, щоб нас не плутали. Це найпотужніша техніка. І коли ви знайдете рішення, ви скажете: "Ось саме те, що ви шукали. З видом на море, магазин за триста метрів, і те є і це близько. Все як ви просили, я записав. Думаю що, це вам підійде. Вітаю, залишилося тільки підписати нашу угоду. Коли ви хотіли б оселитися там?"

Людям не потрібно те, що продається. Вони хочуть отримати щось інше, вони хочуть, щоб їхні мрії збулися. І ви можете це зробити. Вислуховуйте, записуєте, показуєте, що людина для вас важлива, доводьте, що ви зрозуміли, що саме важливо для клієнта. Знаходьте саме той варіант, і вирішуйте проблему.

Ефективні способи мислити по-іншому.

Емпатія - співпереживання, зброя продавця. Замість настирливого продавця, який намагається залізти в кишеню, ви маєте сприйматися клієнтами як людина, яка розуміє їх і хоче їм допомогти.

Є прості способи бути саме такою людиною. Ставте себе на місце клієнта. Клієнт чинить опір, і сипле відродження. Майстру продажів вдається відбити їх, ставлячи точні запитання. Це все особливо доречно під час пояснення того, чому не слід дозволяти клієнту взяти першість у розмові. Зрештою, сміливість і впевненість у собі набагато корисніші, ніж боязкість. Але продажі - це не битва між клієнтом і продавцем. Це протистояння між клієнтом і його проблемою. Завдання майстра продажів - переконати клієнта в тому, що ми на одному боці. Але спочатку потрібно визначити проблему. Люди не люблять говорити про свої проблеми з незнайомцями.

Особливо якщо їхня самооцінка зачеплена. Начальнику було соромно, що його спроба передати частину роботи заступнику, провалилася. Зрештою, він обрав цього заступника, який виявився некомпетентним. Чи може він відчувати аналогічні побоювання з приводу продавців - мережевиків? І як же він ставитиметься до тих, хто розмовляє з ним зверхньо?

Емпатія - це не співчуття. Емпатія притягує іншу людину ближче. Співчуття, навпаки, відштовхує і дратує. Співчуття посилює сором. З іншого боку, емпатія допомагає подолати сором. Саме тому більшість людей не люблять, коли їм співчувають, і зневажають тих, хто це робить. Емпатія не викликає негативних емоцій і допомагає людям відчути, що вони не одні з такими проблемами.

Перший спосіб проявити емпатію - сказати, що багато ваших клієнтів стикалися і розв'язували ті самі проблеми, а ви постарайтеся йому в усьому допомогти. "Багато наших клієнтів відчувають те ж саме. Але разом ми дійшли висновку, що вашу проблему можна вирішити в такий спосіб"...

Не ставтеся легковажно до проблем інших людей. Недосвідчені продавці, коли розуміють, у чому проблема клієнта, поспішають вигукнути: "Вибачте. Нічого страшного. Ми вже вирішили вашу проблему". Усе здається правильним. Підкреслили, що компанія вже не раз стикалася з подібними проблемами і володіє знаннями та навичками, щоб вирішити її в найкоротші терміни. Чи не так усе просто? У чому тут проблема? Торговий представник не звертає уваги на біль клієнта. Якщо проблема не дуже серйозна, ви може її вирішити. Це добре. Але якщо проблема не вирішується вже довгий час, і в іншій фірмі йому не змогли допомогти? Його першою реакцією буде: "Зрозуміло" цей ідіот не усвідомлює серйозності проблеми". У цьому випадку продавцю слід було бути більш обережним і сказати: "Я уявляю, незручності, які ви відчуваєте з цього приводу. Звичайно, ця ситуація не з легких. Але подібні питання ми вже вирішували. Я можу запевнити вас, що всі наші клієнти залишилися дуже задоволені". Це більш прийнятне формулювання.

Насамперед людиною рухають емоції, а вже потім логіка.

У результаті вони можуть не усвідомлювати, що їхні дії завдають їм самим шкоди. Клієнт може відмовитися від дуже вигідної пропозиції тільки тому, що мова продавця здалася йому поблажливою. Уникайте подібних помилок. Тож навчіться думати по-іншому. Зрештою, саме це робить нас майстрами продажів.

Розділ. 9. Основне заперечення проти якого ви здаєтеся.

Найпоширеніші заперечення, які ви чуєте постійно. "У нас немає грошей." Давайте спробуємо розібратися, що не так із цим запереченням. Насправді причина в такому. Люди не знають, як це собі дозволити. Ніхто не може дозволити собі купити що-небудь, якщо вони цього не потребують. Щойно пріоритети в житті людини змінюються, якимось чином люди знаходять гроші, щоб поїхати відпочивати на острови, купити іншу машину і влаштувати дитину в приватну школу. Яким би бідним ви не були, ви не живете під мостом і витрачаєте близько 10 000 доларів на рік. На що ви витрачаєте ці гроші? Частина з них іде на витрати на життя, але частина витрачається на пріоритети. Тож варто замислитися, чи так це насправді, що в них немає грошей?

Просто люди не знають чого вони хочуть. Люди просто не вміють хотіти й отримувати бажане. І ви, як майстер продажів, маєте намалювати картину всього життя людини, її майбутнє, і що вона отримає, коли вирішить свої проблеми. Що яскравіше і докладніше ви опишете майбутнє, яке відбудеться після того, як людина вирішить свою проблему, то сильнішим буде бажання вирішити цю проблему. Проблема не в тому, що в людини немає грошей і вона не може собі цього дозволити - просто в людини не стоїть це в пріоритеті.

Але якщо це пріоритет і це необхідно, то гроші знаходяться. І основне завдання, яке стоїть перед майстром продажів, це навчити людину дозволити собі розв'язати цю - її давню і неприємну проблему, дозволити собі купити цю послугу або продукт.

Клієнти сприймають товар як дорогий коли просто не розуміють, чому він коштує так дорого. Іншими словами, або цінність продукту не донесена вами правильно, або в цьому продукті немає корисності зовсім. Тут потрібне розуміння за що люди взагалі платять гроші.

Дійсно, "продаж по больовій точці" - дуже зручно. Але це не панацея. Який біль лікують квіткові магазини або гольф-клуби? А безліч ресторанів розвиваються тому, що споживачі голодні, або є інші способи підвищити цінність.

Час це важливо. Чи справді інтернет-покупки кращі? Ви не можете приміряти товар, помацати його або оцінити його якість. А шахраї зустрічаються на кожному кроці. Проте, онлайн-покупки тривають. Ми говоримо про інтернет-магазини, де покупці можуть самі робити вибір. Люди купують в Інтернеті все: від одягу до транспорту. Вибір стоїть у тому що, або витратити півдня на ходіння по магазинах, або замовити все необхідне в кілька кліків. Якщо ваш продукт заощадить покупцям трохи часу, вони ніколи від нього не відмовляться. І ви повинні говорити про це. Крім того, не робіть процес покупки занадто обтяжливим.

Якщо вам доведеться йти до відділення банку або шукати термінал платіжної системи замість введення банківської картки для оплати, це просто буде незручно, і покупець відмовиться від такої покупки.

Розваги. Артисти заповнюють стадіони і не вирішують ваших проблем. У цьому занятті немає нічого нового.

Люди люблять розважатися, але їм також подобаються співучасть, ігри та жарти. Ось чому навіть банки сьогодні використовують мобільні додатки для зручності розрахунків своїм клієнтам, у комунальних платежах і переказах, це теж є конкурентною перевагою. Потрібно зробіть так, щоб користуватися продуктом було весело. Люди охоче беруть купони за покупки в супермаркеті, щоб отримати в подарунок непотрібний комплект столового приладдя або тематичну іграшку для дитини.

Стимул. Деякі "Гуру" заробляють мільйони доларів, розповідаючи людям те, що і так усім відомо. Багато доленосних рішень лежать на поверхні. Кинути палити, почати вчитися, зменшити кількість з'їденої порції або не наважитися кинути роботу, яку ви ненавидите. Але тому, хто знайде потрібні слова і спонукає вас встати з дивана, ви готові заплатити. Що привабливіше - пропозиція навчитися затребуваної професії чи нове життя, про яке ви так довго мріяли? Що ефективніше - прохання залишити заявку чи підштовхнути до кроку, який змінить усе життя?

Покажіть клієнту його винятковість.

Людям подобається мати те, чого немає ні в кого. "Обмежена серія" продається швидше і за вищою ціною. Ви отримаєте більше відгуків, якщо запропонуєте свої товари тільки обмеженому числу особливих клієнтів, а не всім підряд. Це не єдиний спосіб змусити ваших клієнтів відчути себе унікальними. Підкресліть що вашими послугами вже користуються знаменитості. Популярність завжди працює. Завжди робіть акцент що ваш продукт тільки для еліти.

Простота. Це основа всієї інформаційної індустрії. Платять за те, що ці люди розповідають про складні речі простими словами. Якщо ваш продукт або послуга робить життя простішим і зрозумілішим, клієнти потечуть рікою. Ви повинні використовувати ці принципи для донесення інформації - лаконічною, простою, нехитрою мовою.

Не соромтеся комбінувати ці прийоми. Пам'ятайте, що багато провідних брендів роблять це, здавалося б, суперечливими способами. Наприклад, вони економлять час і пропонують розважитися. Кажуть, що цим може користуватися навіть дитина, але наполягають, що товар тільки для обраних. Усе це щоб підвищити цінність продукту у свідомості покупців.

Як максимально підвищити свою ефективність. Таке трапляється постійно. У розмові з клієнтом він каже: "Мені все подобається, але вишліть мені все це на електронну пошту".

Перш за все вам потрібно все підготувати, якщо у вас є дещо готове, то вам потрібно буде доопрацювати до потреб цього клієнта. Ця людина не збирається купувати у вас, і ви витратите свій час даремно. І ви запитуєте: "Якщо я відправлю вам ці матеріали, що станеться далі?" "Я подумаю про це, поговорю зі своїм партнером." І ви просто запитуєте: "Якщо ви отримаєте від мене ці матеріали із зазначеною ціною. Через який час ви обговорите і приймете рішення? Вам по кишені придбати наш продукт?" Записуєте все у свій блокнот. "Це ті умови, які ми з вами обговорили, вони вам підходять? Тоді ми можемо рухатися далі правильно? Я висилаю всі папери сьогодні і коли ви прийдете підписувати угоду? Якого числа, о котрій годині? Я все це запишу, щоб нам нічого не завадило". Якщо клієнт погодився, то можете приступати до підготовки потрібних матеріалів і пересилати йому. Він уже погодився купити те, що ви йому пропонуєте. Все, що вам потрібно зробити, це прописати всі ці умови у вашому контракті. Але одного папірця недостатньо. Він не закриє угоду, він не вирішить проблему клієнта. Якщо ви не знайдете проблему, яку зможе вирішити ваш товар, ваш папірець не призведе до укладення угоди. Ділова угода має бути укладена за правильного спілкування.

Якщо все було б так просто, то вам не потрібно було б нічого, крім веб-сайту.

Де всі комерційні пропозиції можуть бути роздруковані і просто завантажені на телефон. Ви можете перевести оплату безпосередньо на свою карту або оплатити онлайн. Але з якоїсь причини цього не відбувається. Чому? Тому що сайт не можете поставити правильні запитання, не може виявити проблем.

Ваше завдання надсилати контракти і пропозиції тому, хто вже готовий заплатити, ціна його влаштовує, у нього є гроші, і він готовий з вами працювати. Велика кількість продавців зазнають невдачі майже за кожної своєї пропозиції. Це відбувається тому, що вони не розуміють, що їм потрібно бути підготовленими. Навіть відмінно продуманий текст не замінить майстра продажів. Але зараз ви вже дізнаєтеся, як максимально підвищити свою ефективність.

Живе спілкування не заміниш не тільки в продажах, а й практично в будь-якій сфері. Це особливо актуально, коли вам потрібна порада знавця.

Ось кілька порад щодо створення сценарію, який працюватиме.

Не надто покладайтеся на написаний текст, але це не головний у продажах, а комерційна пропозиція це все одно важливо. Але нудні, позбавлені смаку або сухі пропозиції, навіть після найбільш надихаючої презентації, можуть саботувати результати і зірвати угоду. Крім того, ніхто не відмовить клієнту, який віддає перевагу читанню документа, а не розмові телефоном.

При цьому вся привабливість продукту лежить на комерційній пропозиції. Це означає, що всі аспекти мають бути добре продумані.

Назва і вступ. Це перше, що бачить клієнт, і найважливіший текст, який пояснює суть того, про що піде мова далі. Є основними факторами, що визначають, чи буде холодний клієнт читати вашу пропозицію. Вони також є єдиним шансом для гарячого клієнта справити повторно перше враження. Це означає, що вам потрібно вибирати вирази, які будуть змістовними і влучними.

Ось кілька найбільш підходящих способів зробити заголовки такими, що запам'ятовуються.

Цифри. "П'ять причин звернутися до нас."

Питання. "Скільки грошей вам потрібно, щоб почуватися щасливим?

Аудиторія. Спеціальна пропозиція для мам із маленьким дітьми.

Відсилання. "Акція яка вас здивує".

Гра слів." Купивши перший урок з навчання плавання, ви скрізь почуватиметеся як риба у воді'."

Головне - не випускати з уваги зміст. Грамотний вступ має заглиблюватися в проблему клієнта і змальовувати райдужну картину того, що станеться, якщо угоду буде укладено. Як правило, перший абзац має містити ключову інформацію. Звісно, він може бути й інтригуючим. Але це вимагає від письменника майстерності.

Крім того, це не буде настільки ефективно для людини, яка вже розмовляла з вами телефоном.

Оформлення. Перше враження створюється за одягом. Навіть якщо вони чули про вас, або ви спілкувалися тільки телефоном. Все одно помітять привабливий вигляд вашої презентації. Близько 70 відсотків ділових пропозицій у світі надсилаються засобами інтернету. Дизайни це скоріше ефективність, ніж результативність. Дизайном можна вигідно підкреслити і виділити основні деталі вашого продукту, зробити акцент на болю і запропонувати вирішення проблеми.

Пропозиція. Опишіть свій продукт і переваги роботи з вами для клієнтів. Що стосується пропозиції, забудьте про довгі формулювання і туманні обіцянки. Будьте максимально точні та небагатослівні. Якою б не була пропозиція, варто включити в опис продукту або послуги переваги.

Швидке реагування. Ми з вами не любимо чекати. Але найбільше люди не люблять невизначеності. Тому замість того, щоб сказати: "Ми відповімо якомога швидше", скажіть: "Ми відповімо протягом 3 - 5 днів".

Прості платежі. Що більше у вас способів розрахунків, то більша ймовірність того, що ви зможете вести бізнес із будь-яким клієнтом у будь-якій країні. Якщо ви можете запропонувати оплатити товар у розстрочку, можливості ще більше розширюються.

Гарантія: "Повернення якщо не сподобається протягом 14 днів", "Ремонт і обслуговування 24 місяці". Ці гарантії підкріплені документацією, що полегшує процес прийняття рішення для покупця.

Різноманітність. Навіть якщо продукт тільки один, надайте покупцям можливість вибору. Згадайте стратегію "трьох коробок". Клієнти із задоволенням платять за те, що вони вибирають, а не за те, за що їх змушують платити.

Знижки та подарунки "У період тижня до і після "Чорної п'ятниці" пропонуємо знижку 20% на всі товари." "При покупці сьогодні, ми подаруємо вам ваучер на знижку при повторному візиті". Перша стратегія спрямована на збільшення продажів зараз, а друга - на збільшення продажів у найближчому майбутньому.

Передбачати заперечення. Поставте себе на місце клієнта і зрозумійте, що вас може турбувати. Подумайте про ситуації, коли продукт є шахрайством, ціна здається надто високою або є інші заперечення. Тепер подумайте про те, що спонукало вас заплатити за продукт.

Найімовірніше, це: "Свідоцтво" - написане реальною людиною. Фотографії, які виглядають як реальні люди. Ті, що розповідають про типові страхи і показують реальні результати.

Пробний період. Такі бізнеси, що набирають обертів, як онлайн курси та онлайн сервіси, залучають нових клієнтів саме таким чином.

У них є можливість спробувати і заплатити за це пізніше. Якщо ви продаєте товар, а не послугу, вам знадобляться зразки на пробу.

Цінність набагато більша за ціну. Неважко знайти баланс між "нічого унікального" і "для правди занадто добре". Звісно приваблива та реалістична пропозиція завжди приверне увагу. Якщо ця пропозиція обмежена в часі, вона буде ще більш переконливою.

До речі, є невеличка проблема: люди часто думають, що мета комерційної пропозиції очевидна і що вона має працювати в будь-якому разі, але це не так. У бізнесі повторення - це не що інше, як мати продажів. Саме тому заклик до дії не є зайвим. Якщо ви не врахуєте цю та інші поради, ви програєте битву з вашими клієнтами.

Розділ. 10. Що означає дотискати клієнта.

Я відкрию вам секрет продажів. Виграє той, у кого бажання допомогти своєму клієнту більше. Якщо у вас є дійсно корисний продукт або послуга яка допоможе вирішити проблему людини.

Тільки 5 % людей готові купувати ваш продукт зараз. Вони потребують того, що ви продаєте. Є ще 10 % людей, які хочуть цього, але не знають, як це зробити, вони думали про це, але вони не готові. І ще 30 відсотків людей в принципі потребують ваших послуг, але не чули про вас і взагалі не знають, що їхню проблему можна вирішити. І 55 відсотків тих, кому не цікавий ваш продукт.

Коли ваш продукт дорогий, то цих п'яти відсотків цілком достатньо. Тому що вони шукають вас. У цьому випадку ви можете заробити більше грошей, ніж середній продавець.

Але наше завдання - навчитися продавати іншим 10 відсоткам людей і 30 відсоткам людей, які хотіли б купити, але навіть не знають про існування послуги.

Ось де криється талант. Покажіть людині реальну проблему і знайдіть її рішення. З 30%, які навіть не знають, що їхню проблему можна розв'язати, із задоволенням переходять у 5 відсотків готових купити просто зараз.

Йдеться про те, щоб врятувати цю людину. І буде не зайвим нагадувати про свою послугу або товар. Ви ж записували у свій блокнот усі їхні побажання. І ось уже підходить час іншої процедури, випускається товар зі
схожими характеристиками, нові розробки, які розв'язують біль і проблему клієнта. Ви маєте нагадати про себе. І через короткий час ваші продажі значно збільшаться. Уся річ у тім, що ви почали думати і не боятися запропонувати клієнту те, чого він потребує, і те, чого він чекає.
Ось чому в бізнесі і в продажах перемагають люди, які хочуть допомогти іншій людині або клієнту. І тоді люди починають цінувати і поважати вас. Тому не можна обманювати своїх клієнтів.

Усе має бути доведено до кінця. Зрештою ви маєте допомогти йому і зробити все можливе, щоб його життя покращилося. Пам'ятайте, ви нікого ні до чого не примушуєте. Ви показуєте їм, що є краще і цікавіше життя. Тоді вам не доведеться турбуватися про продажі. Уміння правильно "дотискати" своїх клієнтів, завжди перевага. Зрештою, ваші продажі можуть становити 55 % потенційних клієнтів.

Майстри продажів ніколи не витрачають час на малоймовірних клієнтів, але й не втрачають можливості укласти угоду.

Усі описані тут прийоми використовувалися ще з давніх-давен.

Це надзвичайно ефективні способи, які використовує як зброю справжній майстер продажів.

Іноді потрібно виглядати простувато. Трохи хибної наївності може заспокоїти клієнтів, які підозрюють, що ми хочемо всунути невідповідний товар. Відмова від актуальних тем і пояснень може викликати у клієнта почуття переваги. Потім, коли клієнт розслабиться, ви можете почати м'яко спрямовувати його в потрібне русло. Але гра не повинна переходити межу некомпетентності.

Запитання ставте акуратно. Не всі угоди можна завершити одним дзвінком. Ведіть "бесіди" розумно. Щоб дізнатися у клієнта інформацію, якою він зазвичай не ділитися з незнайомою людиною. Використовуйте її, десь наприкінці угоди. Щоб не було зрозуміло де ви хитруєте. Ставлячи запитання після прощання, ви можете застати їх зненацька. Крім того, оскільки вони подумки пішли від розмови, їм захочеться відповісти на питання якомога швидше. За поєднання цих обставин клієнт майже напевно про щось проговориться. Потім використає цю інформацію під час майбутньої зустрічі.

"Усі брешуть". Люди, які клянуться завжди говорити правду, брешуть більше за інших. Недосвідчені продавці здаються, почувши такі фрази, як "Я не можу купити просто зараз", "Мене влаштовує мій діловий партнер" або "Я подумаю і зв'яжуся з вами".
Цим потенційний покупець говорить простою і зрозумілою мовою, що зараз він нічого не купує.

"Не може бути, щоб вони брехали. Ні, це можливо". Дев'яносто відсотків заперечень, які вам говорять, це брехня. Деякі клієнти брешуть, щоб отримати знижку. Наприклад, вони кажуть, що їм усе подобається, але вони можуть заплатити лише 80 % від вашої ціни, тому що в них уже є бюджет. Однак у багатьох випадках - це брехня з ввічливості. Зазвичай для людей конфлікт викликає неприємні психологічні відчуття. Але "Спасибі за інформацію, вона була корисна, я вам передзвоню," звучить прийнятно. Робота з подібними клієнтами вимагає прямоти. Якщо вони кажуть, що подумають і зв'яжуться з вами, то ніколи не зв'язуйтеся з ними. "Ми з вами знаємо, що це всього лише ввічлива відмова. Якщо наш продукт вам не підходить, просто скажіть про це. Ми не ображаємося". Коли ви говорите це, клієнт губиться і називає правдиві причини. Для вас, як майстра продажів, стає очевидно, з чим можна працювати.

Нам із вами пощастило. З цими знаннями немає нічого неможливого. Більше експериментуйте і не бійтеся зазнати невдачі. Особливо тепер, коли ви вчитеся на майстра продажів.

Клієнт відтягує покупку, що робити.

Я розповім про те, як клієнт відтягує час покупки. Якщо людині не потрібні зміни в житті, то ви не просто покладете слухавку, ви покладете слухавку дуже швидко.

Я маю на увазі наступне. У лексиконі людини, яка намагається з вами розмовляє, є такі слова, як "Можливо", "Пізніше", "Колись потім", "Зараз я не готовий..." Цього часу ніколи не настане. Ваша робота допомагати успішним людям ставати ще успішнішими. Тільки таким чином ваш дохід збільшиться. Це не ваша робота - допомагати тим, хто не хоче нічого змінювати. Але якщо людина хоче поліпшити своє життя і ситуацію, то вона прийде до вас. Вона приходить до вас, і ви змінюєте ситуацію, усуваєте проблему, що їй заважає.

На інших не варто витрачати час. Тому що вони просто займають ваше життя цілодобово, щодня. Ви втрачаєте настрій, втрачаєте енергію. Коли ви чуєте, що людина ще не готова, ви відповідаєте: "Дякую, що сказали мені. Для мене це важливо." Не працюйте з такими людьми. Ви можете допомогти тим, хто хоче допомогти собі сам. Інтуїція завжди допоможе вам, це те почуття, яке у вас всередині. Ви одразу розумієте, з ким ви спілкуєтеся. Але щоб досягти такого рівня, потрібно набратися досвіду. Для цього потрібна практика. Але, ви робите одне й те саме роками, і отримуєте одні й ті самі результати.

Пора вже змінити свою тактику. Пора вчиться говорити "ні" клієнтам.
Найскладніше для вимови слово складається всього з трьох букв. Ви так і не навчилися говорити "ні" як у житті, так і на роботі. Ви маєте знати, як говорити "ні".

Не тільки тим, хто затягує роботу, а й жадібним, зарозумілим, жалібним та іншим проблемним клієнтам. Ці прості поради полегшать вам роботу.

Пропонуйте альтернативні рішення. Запити клієнтів іноді бувають непосильними. Один клієнт просить 30 % знижку без жодної причини. Або вважає, що ваш обов'язок доставити товар безкоштовно.

Ви не зобов'язані слідувати за ними. Ви також не маєте права вислужуватися перед цими клієнтами. Але ви можете спробувати розрядити обстановку. Ви не можете дати клієнту те, що він вимагає. Але ви можете дати йому карту винагороди, яка дасть йому 5% знижку на наступну покупку. Це звичайно не те, чого він хотів. Але ви запропонували приємний бонус. І це більше, ніж "ні". Чи зупинить це занудну людину? Ні. Але порядна людина не буде на вас сердитися. Коротше кажучи, ви не відмовили йому, а зробили пропозицію, на яку ви можете піти. На яку він відповів відмовою. Як то кажуть, тепер його хід.

Пропонуйте ціну, орієнтуючись на покупця, а не на себе. Розглянемо ту саму ситуацію: якщо ви відповісте, що знижка в 30 % неможлива, більшість покупців запитають, чому ні. У дев'яносто відсотків випадків продавець відповість, що компанія не може дозволити собі таке. Що є класичною помилкою. Подумайте про це. Покупцеві все одно, чим займається ваша компанія. Йому байдуже, скільки коштує купівля вашого товару, зарплата співробітників.

Скільки коштує оренда і витрати на заспокійливе, якщо ви маєте справу з такими людьми, як він. Ви можете розповісти йому детально про всі цифри, але не чекайте, що він вас зрозуміє і поспівчуває. Тому подумайте не про свої витрати, а про вигоди для нього. "Цей товар дуже дорогий. Ми ретельно пакуємо його, щоб ви отримали його в найкращому вигляді. Доставка здійснюється швидко і завжди вчасно. Ми надаємо гарантію і з усіх незрозумілих для вас питань, проконсультуємо. У разі необхідності ми вирішимо всі проблеми в зазначені терміни. Наш товар і сервіс вартий кожного долара".

Аргументи, як закрити. Всупереч поширеній думці, клієнт майже завжди помиляється. Його вимоги часто неймовірні або, принаймні, спірні. Не розуміючи суті

проблеми, він примудряється звинуватити вас у всіх фатальних проступках. Навіть якщо це помилки за його власним вибором. Щоб клієнт почав слухати вас у принципі. Просто попросіть уточнити деталі, і ви зможете розбити його аргументи. "Хіба ми не нагадали вам, що цей товар можна повернути тільки протягом 14 днів?" "Яка з наших порад вам не підійшла?" "Саме що ви зробили з приладом коли він припинив свою роботу?" Після кількох ввічливих запитань ваша позиція зміцниться. Тепер дозвольте покупцеві конкретизувати свою скаргу. Зрештою, "Ваш продукт жахливий", часто означає, що їм не подобається колір продукту.

Або вони очікували від пристрою функцій, про які ви не говорили. Або вони очікували побачити результати через кілька днів тренувань, а ви обіцяли через кілька місяців. Почути "ні" ні з того ні з сього - зовсім інша річ, ніж почути "ні" під час аналізу справжніх заяв клієнта з приводу справжніх аргументів.

Ніколи не обманюйте. Багато продавців схильні говорити дурниці, щоб уникнути слів "Ні". Як правило, це тільки ускладнює ситуацію. Якщо клієнт наполягає на своєму, безглузде ваше "можливо", почне означати як "Так". "Ми співчуваємо вашій ситуації, але ми не продаємо тренування за півціни, а тим паче не пропонуємо їх безкоштовно тому, хто обіцяє повернути гроші пізніше. Слідкуйте за подіями на нашому сайті. Час від часу ми пропонуємо спеціальні акції. А поки почніть з базових безкоштовних тренувань по відео".

Зазвичай таку відповідь отримують люди, які хочуть поліпшити фігуру безкоштовно. Ви не тільки викладете
суть справи, а й зробите інші пропозиції. Немає жодної людини, яка після такого діалогу буде проклинати і ображатися на вас.

Однак у більшості випадків клієнти не здаються після одного "ні". Вам потрібно - щоразу говорити ці слова тим самим ввічливим і впевненим тоном. "Ні, все вже було пояснено", "Я знову відмовляюся", "Ні, цей варіант неможливий"... Запам'ятавши ці фрази, ви заощадите багато часу і сил.

Слово "Ні" - це найчесніша річ, яку ви можете відповісти клієнту. Ви маєте розуміти, що з часом угоди будуть або укладатися на вигідних умовах, або скасовуватися на невигідних. Іншими словами, ви виграєте в будь-якому разі. Хочу додати, що чим частіше ви починаєте говорити "ні" невизначеним людям, тим частіше будете чути "так" від потрібних людей.

Висновок.

Ви отримали загальні знання про те, як продавати, як бути ближче до професії майстра продажів. І що заважає вам це робити. Ці знання змінять ваше життя.

Але насамперед важливо відповісти на запитання: як люди вчаться? Є кілька способів вчитися.

Вчитися на собі, - робити помилки і робити висновки. Ви робите це все своє життя, але мало з цього користі. І, на жаль, коли ви вчитеся самостійно. Нікому виправити те, що ви робите.

Після того, що ви щось робите, результат не той, що ви хочете, значить, ви робите неправильно. У вас немає нікого, хто міг би це виправити.

Наступний спосіб - вчитися у людей, які оточують вас. Давайте будемо чесними. Ви перебуваєте в середині групи з п'яти осіб близьких вам. Іншими словами, ви заробляєте і живете на цьому ж рівні. Вам нема з чого і нема з кого брати приклад. Яку пораду вони могли б вам дати? Той, хто сам нічого не домігся, скаже вам, що робити. Він розповість вам, як зробити вдесятеро більше того, що робить він. Є стара приказка: "Із двох дурнів ніколи не вийде один мудрець." На жаль, це вірно і в світі бізнесу.

Або можна почав шукати вчителя. Багато вчителів будуть молодші за вас, адже вони більш сучасні та більш просунуті.

Тому що купівля знань піде вам на користь. Тренер - наставник, завжди вкаже вам на помилки. Ви можете зрозуміти, чому це вигідно для вас. По-перше, це ваш заробіток. Наступне за важливістю - це час. Ви не можете повернути втрачений час. Якщо ви заробляєте 5 000 доларів на місяць, а могли б заробляти 50 000 або 100 000 доларів на місяць. Але замість того, щоб робити це. Ви б'єтеся головою об стіну, а могли б зайти у двері. Ось чому вони говорять про скляну стелю. Але насправді потрібно просто показати, що ви день у день робите одні й ті самі помилки. І тоді ви зупиняєтеся, зміните напрямок і побачите відчинені двері. Потрібен завжди професіонал, щоб подивитися з боку.

У вас є проблема у вашому бізнесі. Вам потрібно визначити, де вона знаходиться.

Ви не заробляєте достатньо грошей. Якщо ви хочете перейти на наступний рівень і зрозуміти, що все наше життя і весь наш бізнес залежать від того, які програми закладені в нашій підсвідомості. Не витрачайте своє життя даремно. Насолоджуйтеся своєю роботою і нереально великими сумами грошей.

Яким би бізнесом ви не займалися, щоб не намагалися продати, вам потрібно починати з самого низу і йти вгору, долаючи рівень за рівнем:

Простий продавець. Нікому немає діла до імені цієї людини, доки вона не зробить щось не так.

Але коли розгніваний клієнт думатиме, на кого скаржитися начальству, або писатиме гнівні коментарі в Інтернеті, то захоче дізнатися ім'я цієї людини. А поки що ви залишаєтеся просто продавцем. Єдина причина, через яку вони купили у вас, полягає в тому, що ви стояли у вдалому місці і ліньки ходити по магазинах.

Продавець фахівець. Ще немає імені, але ви вже дещо знаєте. У вас є досвід, приклади та позитивні відгуки, щоб підтримати вас. На відміну від звичайного продавця, ви тут з'явилися не випадково. Однак клієнт ризикує коли покладається на вас. Він підозрює, що робота не буде виконана ідеально, але за цю ціну йому підходить.

Майстер. Така людина "добре відома в певних місцях". У її компетентності не сумніваються. Клієнти можуть не тільки купувати в неї товари та послуги, а й бути впевненими, що їхні проблеми будуть вирішені якнайкраще. Ім'я експерта входить в ужиток і рекомендується всім знайомим.

Майстер продажів. Він вважається найкращим фахівцем. Ім'я майстра вже стає брендом. Громадськість вважає його "зарозумілим" і "невиправдано дорогим", але кожне його слово помічають. Клієнти також готові стояти в чергах.

Звісно, що вищий ранг професіонала, то більше він заробляє, але це ще не все. Вони отримують гроші не тільки за те, що роблять, а й за те, ким є.

Відомий експерт може отримувати десятки тисяч доларів тільки за виступ перед аудиторією, а не за розв'язання проблеми. Слухачі зустрічаються з ним особисто і хваляться знайомим, і що взяли в нього автограф.

Як же все-таки домігся такого успіху? Ви вже знаєте головний секрет стрімкого зростання. Необхідно змінити навколишнє середовище. Киньте невдачливих однокласників, забудьте токсичних родичів, полюбіть тих, хто нерозривно пов'язаний із вашим життям на відстані (наприклад, батьків). І, звісно, знайдіть наставника - того, хто вже живе тим життям, якого ви прагнете, - і прислухайтеся до його порад. І суворо дотримуйтеся таких принципів. Вкладайте в себе. Замість того щоб сидіти і чекати. Краще чогось навчитися і продовжувати рухатися до своїх цілей.

Купуйте час. Гроші - це ресурс, який можна заповнити. А ось час, навпаки, втрачається безповоротно. Тому замість того, щоб витрачати час на безглузді речі, будьте готові витрачати гроші, але економити час. Віддавайте іншим професіоналам монотонні завдання. Отримайте "золоту карту", щоб вирішувати свої проблеми без черги. Найголовніше - не витрачайте своє життя на соціальні мережі або безглузді відео на YouTube.

Не чекайте моменту. Ніколи не настане відповідний момент. Час, гроші та мотивація завжди в дефіциті. Вас постійно мучать сімейні турботи та негативні думки.

Тому, коли ви читаєте цю книгу, саме час внести позитивні зміни у своє життя.

Вірте в себе. Багато хто з відомих людей думав, що ніколи не досягне успіху. Невідповідний вік, немає досвіду або тому, що вони все життя терпіли невдачі. Але ніколи не пізно щось змінити у своєму житті. Особливо якщо ви хочете вирвати свій розум із хмар і почати вбирати реальні знання.

Це всього лише базова підготовка. Але навіть цієї інформації достатньо, щоб вивести свою кар'єру на новий рівень. Тим, хто мріє стати справжнім майстром продажів і отримувати дохід, який нікому й не снився, я рекомендую користуватися цими простими порадами. Щодня впроваджуючи у свою роботу.